XINSHIDAI
JIAOYU
CONGSHU

MING
XIAOZHANG
XILIE

名校长系列

新时代教育丛书

苔花米小静静开

乡村小学『悦心行实』的办学探索

李庆华 ◎ 著

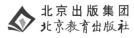
北京出版集团
北京教育出版社

图书在版编目（CIP）数据

苔花米小静静开：乡村小学"悦心行实"的办学探
索／李庆华著． —— 北京：北京教育出版社，2021.6
（新时代教育丛书．名校长系列）
ISBN 978-7-5704-3320-9

Ⅰ.①苔… Ⅱ.①李… Ⅲ.①农村学校—小学—学校
管理—研究 Ⅳ.①G627

中国版本图书馆 CIP 数据核字（2021）第 089844 号

新时代教育丛书 名校长系列
苔花米小静静开——乡村小学"悦心行实"的办学探索
李庆华 著

*

北 京 出 版 集 团
北 京 教 育 出 版 社 出版
（北京北三环中路 6 号）
邮政编码：100120
网 址：www.bph.com.cn
京版北教文化传媒股份有限公司总发行
全 国 各 地 书 店 经 销
河北宝昌佳彩印刷有限公司印刷

*

787 mm×1 092 mm 16 开本 12 印张 161 千字
2021 年 6 月第 1 版 2021 年 6 月第 1 次印刷
ISBN 978-7-5704-3320-9
定价：48.00 元
版权所有 翻印必究

质量监督电话：(010)58572393 58572787 58572750
购书电话：13381217910 (010)58572911
北京教育出版社天猫旗舰店：http://bjjycbs.tmall.com

办好新时代教育

随着社会现代发展进程的推进，尤其是改革开放以来，中国教育事业加速发展，中国已建成世界最大规模的教育体系，教育总体发展水平进入世界中上行列，中国教育发展进入新时代，中国基础教育改革进入实质性的根本转型时期，处在一个走自主创新道路的关键转折点。

新时代呼唤新的教育。习近平总书记在全国教育大会上强调："立足基本国情，遵循教育规律，坚持改革创新。"面向未来的教育才有未来，新时代的教育，重在破解传统、旧有范式。基于此，面对新时代教育，与教育工作相关的所有主体都需要从思想和行动上做出努力和改变，并围绕主体价值、文化情境、智慧情怀、系统生态等关键词全面开展教育活动。

首先，新时代教育强调主体价值。

"教育同国家命运紧密相连"，点明了教育在国家建设和民族复兴中的地位和作用，强调了教育改革发展的价值取向，为我们今天准确把握办学的总体方向和人才培养的根本目标提供了思想遵循。

教育现代化的终极价值判断标准是人的发展，是人的解放和主体性的跃升。自古以来，中国的教育传统既强调教育的人文性，也强调教育的社会性，相应地，在人才培养目标上既强调完善自我，也强调服务社会和国家，更强调在服务社会和国家中达到自我的充分实现。新时代更要坚守教育本质，重视教育的价值观建设，坚持以社会主义核心价值观为引领，回答好"培养什么人、怎样培养人、为谁培养人"这些根本问题，从而培养有历史责任感、志存高远的时代新人。

其次，新时代教育强调文化情境。

学校不仅是传播知识、文化、智慧的地方，更是生产知识、文化、智慧的场所。学校无文化，则办学无活力。学校是文化传承的主阵地，学生文化、教师文化、课程文化、网络文化和制度文化等现代学校文化建设，引领了学校的发展，呈现了学校办学气质。

更重要的是，文化创设情境。"为学生一生发展奠基"，统整科学与人文，优化学生生存环境，借由"境中思""境中做""境中学"，实现学生主动学习与发展、个性化成长及德育渗透。

增进文化认同，是学校管理者的重要使命。政策制定者、执行者和教育管理者，一定要从为国家和民族培养优秀人才的角度关爱引导师生，让每位教育工作者深刻认识到"教育"二字蕴含的国家使命，真正将为国家和民族培养人才、培养爱国奉献的人才这一价值追求切实贯穿于办学育人全过程，一代一代坚持下去。

再次，新时代教育强调智慧情怀。

国之兴衰，系于教育。教育兴衰，系于教师。教育同国家的前途命运紧密相连。这当中，智慧型教师和教育家尤其为新时代教育所期待。他们目光远，不局限于学校和学生眼前的发展，而是着眼于未来；他们站位高，回归教育的本体，努力把握并尊重敬畏教育的共识、规律；他们姿态低，默默耕耘，淡泊明志，宁静致远；他们步伐实，总能紧紧围绕学生、教学、课程、教师发展等思考自己的职责和使命。

总而言之，教育家顺应时代潮流，立足现实，展望未来。在把握办学方向、把握时代脉搏的基础上，他们勇立潮头，担当时代先锋，他们对历史和未来负责，超越现实、超越时空、超越功利，用教育的力量塑造未来，解放学生的个性、想象力和创造力，共同推动和引领中国基础教育改革和创新，愿意为共同探索中国未来教育之道而做出巨大的努力。

最后，新时代教育强调系统生态。

观古今，知兴替，明得失。关于未来的认识是选择性的，未来"未"来，新时代的教育人需要根据某种线索去把握超出现在的想象并做出价值选择。这种价值选择的关键还在于，教育人真切明晰，未来学校是面向未来的学校，是为未来做准备的。教育中的新与旧、过去与未来，不是对立的，而是连续的，从而能够让教育者基于教育的本质和规律守正创新，坚守立德树人的初心。

各级各类学校之间是相互依赖的，单一的学校不能构建成一个完整教育系统，唯有每个学校都致力于体现自身的教育特性，努力实现自己所承担的教育任务，发挥出自己的教育作用，才能共同构成一个完整的教育系统。加强基础教育改革设计的整体性、系统性和长期性，把"办好每一所学校"作为基础教育改革发展的主要目标，是共同构建良性的教育生态，发挥整个教育系统功能的最优选择。

在这种情境下，"新时代教育丛书"的策划出版具备极强的现实意义。丛书通过考察和认识各地名校教育实践，寻找新时代教育的实践样本，清晰梳理了新时代教育中名校、名校长、名师、名班主任等的发展脉络，记录了新时代教育正在逐渐从被动依附性转向自主引导性，并在与现代技术的融合中彰显出其对于经济和社会生活的主导价值。

丛书提供了不同类型、不同地区的中小学名校、名校长及名师、名班主任在探索、构建新时代教育过程中鲜活的实践案例及创新理念。从中，可以看到有深厚历史积淀的传统名校，也可看到新时代教育发展浪潮中的新兴学校，其中有对外开放探索中国本土化教育的小学，也有站在教育改革潮头的中学；还可以看到开拓创新引领时代风气之先的名校校长、专注各自领域的优秀教师，以及新时代教育变革下的全国各地不同的班主任的德育之思。

更难能可贵的是，丛书不仅包括一般情境下的"案例"，也包括了特殊情境下的思考，不同系列注重了从"现象"到"本质"的过程，进而升华到方法论。丛书的每一本著作既是独立完整、自成体系的，也是相互呼应的，剖析问题深入透彻，对策和建议切实可行，弥补了教育理论和学校实践之间的差距，搭起了一座供全国教育研究者、学校管理者了解新时代教育及未来学校落地实践的桥梁。

未来学校不是对今天学校的推倒重来，而是对今天学校的逐步变革。这不仅仅是对学生提出的挑战，更是对学校发展建设提出的挑战。我们始终强调，理论不能彼此代替、相互移植，中国基础教育的改革与发展，必须靠中国的教育学家和广大教育工作者来研究和解释，从而构建立于世界之林的新时代中国基础教育的改革和发展的当代形态，实现理论创新和方法创新。

期待丛书能给更多的中小学校以启发，给教育工作者以有益的思考，供他们参考借鉴，帮助他们寻找到新时代教育的钥匙，进而在新时代教育的理论指导和教育改革实践带动下，因地制宜、因校制宜地落实到新时代教育工作中，引领学校新样态发展，助力更多学校在新时代背景、新教育形势下落地生花，实现特色、优质与转型发展，快速提升基础教育水平，推动教育改革发展，实现立德树人的根本任务，办好人民满意的教育。

新时代教育丛书编委会

2021 年 1 月

序　言

很有幸在我的职业生涯最后一个时期和李庆华校长成同事、做搭档，我们在近七年的共同工作经历中建立起了深厚的战友般的感情、姐妹似的情谊。

认识庆华校长已有二十五六年之久了，原来一直是在同一学段的不同学校，七年前相聚在同一所学校——良乡中心校。不论我们同是教育人，还是朝夕相处的同事，在我心中庆华校长都是一位非常优秀的校长。

她是学生眼中优秀的教师。庆华校长多年前就是品德与社会学科的市级骨干教师，曾多次做示范课、公开课，至现在已任校长十余年仍没有脱离课堂一线，经常给学生上课。孩子们爱上她的课，盼着她来上课。她非常有亲和力，善于倾听孩子们的心声，经常深入学生中间，听取他们对学校、对教师的建议，深得孩子们的喜爱。

她是老师眼中优秀的领导。庆华校长注重用文化引领学校发展，不论是琉璃河中心校的"三 yue"文化，还是良乡中心校的行实文化，都倾注了她大量心血。她重视教师队伍建设，为了教师的成长肯花心思、投入资金、搭建平台，亲自带领教师进行"项目式学习"的实践研究，用"项目式学习"撬动教师教学方式的变革和学生学习方式的改变。她关心教师生活，设计多种形式的团队活动，让老师们体验到家的温暖，增强集体凝聚力，深得教师们的拥戴。

她是家长眼中优秀的校长。庆华校长秉承"人民群众对优质教育的期待就是我们的奋斗目标"这一宗旨，优化管理，积极探索三校区"1＋1＋1"管理模式，挖掘优势、补齐短板、形成特色，促进三校区齐头并进共同发展，努力办人民满意的教育。我校教学质量连续三年在房山区小学中名列前茅，社会美誉度不断提升，学校规模连年扩大。她重视对家长资源的利用，招募家长志愿者走进学校担任"驻校观察员"，参与学校管理，也为家长提供了解学校、了解教师的机会，深受家长们的欢迎。

她是我眼中配合默契的伙伴。良乡中心校规模较大，有近 3 000 名学生，分布在三个校区。因此，上级对我校干部配备上是党政分设，庆华任校长，我任书记。经过不长时间的磨合，我们就做到了在工作上书记与校长同心同德、同向同力，配合非常默契。行政工作上，校长经常征求书记的意见，大事、难事一起面对；党建工作上，校长从不甩手、推诿，主动贡献智慧，非常支持开展工作。学校做到了党建工作与中心工作同部署、同落实、同考核，党建工作真正起到了引领、推动、促进中心工作的作用。我们的默契配合在本区教育系统内有口皆碑。

苏联教育家苏霍姆林斯基曾经说过，一个好校长，就是一所好学校。陶行知先生在《整个的校长》一文中讲道："国家把整个的学校交给你，要你用整个的心去做整个的校长。"庆华校长就践行着用整个心去做整个的校长这一理念。在这样的学校里，孩子是幸福的，教师是幸福的。

在这里要祝贺庆华校长的教育专著终于出版了。庆华是位有深刻的教育思想、有浓厚的教育情怀的校长，这本书汇集了她从事校长十余年来教育管理的经验与心得，是她教育思想的集中体现。相信，此书一定能对教育同行在教育思想观念、教育管理方式上有所启迪，有所借鉴。也希望庆华校长在教育沃土中继续探索、笔耕不辍，为教育事业的发展贡献力量。

良乡中心校党总支书记　梁丽敏
2021 年 3 月

目 录 / CONTENTS

第 一 章

初心·守望

联合国教科文组织在《学会生存》的报告中指出："发展的目的在于使人日臻完善；使他的人格丰富多彩，表达方式复杂多样。"教育就是要使学生的发展趋于"真、善、美"的目标。作为教育者，我们有责任为学生提供一个充满诗意、充满智慧、充满友爱和快乐的教育环境。从教30年，7年的班主任工作经历，让我从新任教师成长为比较成熟的教师。1997年，我走上管理岗位，23年来，从德育干事、教导处主任，到教学副校长、校长，一路走过来，有过面对困难时的焦虑和犹豫，有过获得他人认可时的欣喜与感动，有过与伙伴们共同付出后的喜悦和欢笑……所有的岁月，成就了现在的我！我践行"终身教育"，以增加教育的"长度"；我倡导"大教育"，以增加教育的"广度"；我积极探索"人性"的教育，以增加教育的"深度"。

一、静待花开，守望乡村

1990年，我从师范学校毕业后到房山区西石羊中心校工作，成为一名教师；1993—1995年，我是房山区良乡第二小学的一名教师；1995—2004年，我在房山区良乡第三小学做教师、教导处主任；2004—2009年，我在房山区良乡小学担任教学副校长；2009—2014年，我在北京市房山区琉璃河中心校担任校长、党支部书记；2014年至今，我在房山区良乡中心小学担任校长、党总支副书记。从教30年，从班主任、干事、副主任、主任，到教学副校长、校长，一路走来，在不同岗位的历练让我熟悉了学校各项工作，从直属学校到乡属学校的经历让我对不同学校管理模式有了更深的理解和把握。这些年的管理工作中，我始终把"做一个静待花开的教育守望者"作为工作的追求和目标。

（一）做服务师生的管理者

"管理即服务"就是我的工作原则。学习是前提，我先后取得专科、本科学历，多次参加北京教育学院、区教委组织的管理培训，在教育部骨干校长培训班上被评为优秀学员，所在学校被评为区学习型建设先进集体。实践是核心。我经常听评课，开展教研活动，挖掘校内外资源，开放办学做大平台。30 多名市区专家走进学校指导教育教学，与固安、湖北、大安山等地的学校建立手拉手联系，合作共赢。服务于教师的专业发展才是服务的根本。任校长期间，和班子成员一起：积极争取开通教师班车，提供早餐，改善工作环境，解决教师住宿问题，组织多种工会活动，建设和谐团队。建立学校领导"六必访"长效机制，关心教职工生活。将学校建成温馨之家，校工会连年被评为综合评价一等奖，获得北京市优秀教职工之家称号。

（二）做发现问题的研究者

"问题即课题"就是我的工作思维模式。2000 年至今，承担 13 项课题研究。2001 年，联合国教科文组织 EPD（联合国教科文组织环境人口与可持续发展教育项目）课题在良乡三小召开全国研讨会，我在大会上发言。给杭州、密云和丰台的老师进行基于中小学生发展的校本研究课题培训，4 次代表课题组在市区做主题发言。将"以均衡发展为主题的农村中心校文化建设研究"作为学校十二五承担的市级立项课题，以课题研究引领学校发展。任琉璃河中心校校长期间，学校连续五年获得房山区综合评价一等奖，获得文明单位称号，荣获北京市规范化建设先进集体、科研先进校等区级以上集体荣誉 130 余项。

（三）做文化建设的实践者

一是以文化建设为载体引领学校发展。依据中心校的特点，我坚持以"八个统一"为管理策略，以文化建设为载体，促进学校发展。系统梳理学校的办学理念、目标，构建"1＋4"的管理模式，总结提炼出以"三yue"文化为核心的文化内涵，"yue 人 yue 己"：悦人悦己（欣赏别人，悦纳自己）；阅人阅己（学习他人，完善自己）；越人越己（树立目标，超越自己）。干部工作以高站位决策、低重心运行、近距离服务为宗旨，强化"走动式"管理、扁平式管理。组织开展"我身边的 yue 教师""悦享琉小故事 感悟幸福人生"等活动，加强团队建设。建立每学期完小团队评价、"三 yue"教师、优秀教研组、课题组等系列评比表彰制度，让教师得到尊重和认可。创造性地提出跨校上课，推动完小均衡发展，并写进校章。五年间，在"yue 人 yue 己"核心价值观的引领下，先后完成五所完小的抗震加固、平房翻建、新建等规范化达标工程，被评为北京市规范化达标先进学校。五年间组织市级活动 12 次，区级 29 次，校大型活动 20 次。培养 3 名市级骨干教师、5 名干部相继走上主任岗位，一大批青年教师迅速成长。在文化建设的过程中，学生、教师、学校得到长足发展。

二是以文化传承为重点引领学校课程建设。良乡中心校一直秉承"践行体验教育，让每一个孩子健康快乐地成长"的办学理念，我们借用种子的构造重新架构体验教育课程体系，整体规划设计种子课程。即子叶课程、胚根课程、胚芽课程、胚轴课程、种皮课程。开展长短课时、学科活动的实践与研究，建设以学生学习为中心的课堂，不断改善教与学的方式。科学设置校园师生十大体验区，开发学校现有资源，满足实践需要。将学校环境、课程、文化三者建设融为一体，将学校建设成为师生成长乐园。在国家均衡发展检查中，我校受到好评。我校还作为房山学习型示范区接受考察。

任现职以来，个人获得区级以上荣誉 56 项，32 篇论文获得区级以上奖项，发表并出版 21 篇（部）论文、教材，12 节观摩交流课获奖，13 次区级以上典型交流发言。在辛勤耕耘的同时不断磨砺自己，完善自己，全心全意为师生、为学校发展服务就是我最大的愿望，做一个静待花开的教育守望者是我的人生追求！

二、打通围墙，开放办学①

教育的开放性一直以来都存在于我们的教育中。当下，教育的开放更

---

① 原文《如何理解教育的开放性》，发表于《房山教育》，2017 年 3 月。

是必然。素质教育本身就具有全体性、全面性、基础性、发展性、主体性、开放性的特点。党的十八届五中全会首次提出了"创新、协调、绿色、开放、共享"的五大发展理念。北京市的教育综合改革要求我们实现各种资源的贯通、融通。"十三五"期间，房山区教委顾主任提出了统筹、整合、合作、贯通与共享的发展策略。加之，我们处在这样一个多元开放的时代，科学技术的日新月异、信息的网络化、经济的全球化使世界日益成为一个更加紧密联系的有机整体。这就要求我们要用开放的视野和眼界，培养未来的人。而今，教育的开放正在由形式开放向内涵开放转型。

第一，学校办学更加开放。我区的教研联盟、山区校联盟、完小协作组、发展共同体、手拉手、与外省市的合作等组织形式，可谓是教育的大情怀、大格局、大手笔，无疑为学校的开放办学提供了非常好的平台，学习交流、资源共享、互动双赢。学区制，贯通培养，无疑打破了原有学段的壁垒，从培养完整人的角度去思考本学段的教育。我校与北京工商大学的合作，让小学生走进了大学校园，教授走进了小学生的课堂，大学的文化底蕴、管理理念在影响和改变着我们的教育观念和思维方式。第二，教学空间更加开放。教学的场地不只是教室，整个校园都是孩子们的学习场所，我校的办学目标就是：让学校成为学生生命成长的体验场。我们的学校就坐落于植物园中，建设在艺术馆、科技馆中，让学习真实发生在校园的每个角落，让学习像呼吸一样自由。为每一个孩子创造无限生长、充分体验的可能就是我们的追求。走出校门，大自然、各类博物馆、教育基地、训练营、商场甚至家庭都是学生的课堂。而没有了围墙的学校成为孩子们的大课堂。第三，教学方式更加开放。课堂上，老师们更多地让孩子们在独立思考、探究体验、分享表达、质疑提问的过程中完成学习，互联网时代，电脑、手机等智能终端的普及，也使得教学方式更加多样。第四，师资的开放。本校老师、外聘专家、作家、家长、社会上的优秀人士，都可以走进课堂成为一门课程之师、一节课之师、一个知识点之师。

第五，教材的开放。原来教材是学生的世界，现在世界是学生的教材。所有这些开放就在我们身边真实发生。

在这样开放的大背景下，我们的教育正在由形式开放向内涵开放转型，不断适应新的要求。学校管理开放更强调的是团队领导力，打造一支优秀的干部教师团队是学校发展的关键。理念思维开放更强调自我突破；方法技术开放更强调整合实施；学生成长方面更强调多方主体合力贯通培养；资源课程方面更强调开放共享。教育开放对我们提出了新挑战：如何放？怎么放？这些成为我们必须思考的问题。

从学校管理上说，朝着放手、放权、放开的方向努力。放手让老师、孩子们承担任务，参与管理，体验感悟。放权给干部、教职工、家长委员会，让他们参与学校管理，民主决策。放开思想，教育开放最主要的是干部教师思维的开放，其中转变观念最关键。以开放的心态，不断学习接受新知识、新事物，提升专业能力，才能适应工作新常态。没有开放的心胸，没有大爱情怀，就很难将教育植根于爱。当然，我们在放手、放权、放开的同时还要放而有守，即坚守我们的教育方针、坚守学校良好的历史积淀，不因开放而改变；放而有度，即学校教育的开放要有甄别，应该把握好度，应是有选择的、利于学生成长的、不扰乱正常的课程计划的；放而有法，即在开放的同时专业能力要跟进，开放的课堂教学要求教师能放更能收，做到收放自如。转变思维方式、提升能力水平才能在教育开放中有话语权、选择权、主动权，才能更好地服务于学生的发展！

三、终身学习，奠基成长

创建学习型学校是提高学校管理水平的科学选择，是加强学校队伍建设、提高育人质量的坚强保障，是学校自身生存与发展的必由之路。学校不管做什么，最终的落位点还是学生。因此学习型学校建设最终还是为了让孩子得到更好的教育，学校的最终目标还是为促进孩子的终身发展服务。让每一个孩子健康快乐地成长，这是我们的共同愿景。

（一）加强学习，增强服务师生底气

多年来，我积极认真参加各级各类学习实践活动，写学习笔记，不断反思，加强修养，提升认知水平，为全体师生服务。通过参与听课、教研、学生活动，我了解了老师和孩子，学习体验了教育的内涵；通过参加全国校长班和华师大的学习，以及每年暑期的教委干部培训，我开阔了视野，加深了对教育的理解和认识；通过每周干部例会的学习和交流，我进一步明确了管理的理论和策略，在倾听大家的发言中，增长智慧；在与大家的每一次交谈和相视微笑中，我感受着真诚和友好；我还积极参加了学校组织的共读一本书活动。

在自己学习的同时，我校干部例会进行中心组学习，有主发言人，大家交流感想。将教师例会分为几个板块：教育教学案例分享，说说身边的四有好老师，听老教师讲过去的故事，政策理论学习，团队经验分享，等等，让老师们在每次全体教师例会中相互学习，共同提高。

（二）学以致用，促进学校健康发展

作为校长，建设学习型学校就是带领大家本着共同愿景，努力树立大教育观念，以开放的眼光看待现代学校教育，打造一所没有围墙的学校，让老师和孩子能够接触到社会，能够利用学校和社会上一切可供利用的资源，参与体验更广泛范围的实践活动，尝试更多形式的学习。

良乡中心小学从 2010 年开始正式提出建设学习型学校。最初通过全校共读一本书，即彼得·圣吉的《第五项修炼》认识什么是学习型组织、学习型学校建设的核心要素和内涵是什么。随着学习型学校建设的由浅入深，我校根据不同时期的实际情况又开展了相应的活动，逐步统一思想，把建设学习型学校作为带动学校整体工作的重要载体，并逐步完善各项制度，通过团队建设、课程建设和各项活动的开展有力推动学习型学校的创建，使之得到不断深化，反过来为学校的整体发展、内涵发展、均衡发展服务。2014 年 11 月，在房山区"学习型示范区"的验收过程中，我校作为其中的一个考察点接受了考察。

我们的创新之处最主要的是在团队建设方面，让团队在学习体验中成长。学校有 180 名教职工，队伍庞大，又分散在中心小学、太平庄小学和固村小学 3 所学校里。如何管好这样一支在教育系统学校中最大的团队，是校长必须要思考的问题。我通过仔细阅读相关书籍资料，整理参加全国校长班和华师大的学习体会，请教各级领导专家，组织多层面的干部、教师座谈会，最后得出指导性方向，就是要树立共同愿景，让大家围绕办学理念"践行体验教育，让每一个孩子健康快乐地成长"努力奋进。在共同愿景的引领下，我们把学习型学校建设作为重要抓手，把团队建设化整为零，采取体验的方式，通过打造小的团队，让大的团队变得更优秀。

　　首先是抓干部团队建设，提高自己的团队领导力。主要做法是由我带头抓实中心组学习，层层落实学习内容，每次例会必学。单周校内开会学习，每两周 3 所学校的干部一起学习，每月一次全体管理人员集中学习。每周有一名干部作为中心发言人，事先精心准备学习内容，把筛选出的精华和大家分享，大家一起学完后由所有干部谈体会和感想。作为校长，我都把每次准备的过程和集体分享交流的过程当作是学习的过程，通过学习和交流，进一步明确了管理的理论和策略，在倾听大家的发言中，增长智慧、碰撞思想、深刻思考，对照学校实际，带头提出了很多合理化建议，不仅推动学校启动新一轮课程建设，还提高了自己的团队领导力。

　　其次是抓品牌活动，提高自己的团队意识和专业化水平。一是每年组织开展一次"创优杯"课堂教学大赛。第一学期是在本校开展，以教研组形式呈现，每组推荐一节课，大家集思广益、共同研究；第二学期是在全中心校开展，每个学校都推出选手代表本学校参赛。"创优杯"课堂教学大赛目前已成为学校传统的品牌活动。二是每学期组织开展一次青年教师成长分享活动。要求参加工作五年以下的教师全员参加。青年教师可以邀请 1~2 名亲友到校观摩，学校给他们安排的师傅和相关领导也会一块儿参加。对这样的分享会，每个青年教师都十分重视，准备得非常充分，不但有对日常工作的精彩总结，还制作了 PPT、上课的小视频等。来参加分享会的人都要发表感言，以此激发青年教师的工作热情。通过组织开展这样的品牌活动，通过参与听课、教研、学生活动，我了解了老师和孩子，学习体验了教育的内涵；不仅提高了教师的团队意识和专业化水平，也使我自己的团队意识和专业化水平有了大幅度的提升。

（三）关心教师生活，激发学习动力

我和工会干部一起，以工会组织为依托，把管理落位到服务上，开展丰富多彩的活动，让老师能从一点一滴的小事中感受到学校对每个人的关心，体验到家的温暖。如为在同一月份过生日的老师办生日餐并订花送到家中，正月十五在食堂包饺子，等等。举办"情暖初冬 幸福绽放"——寻找身边最美教师的活动。我们发动每一名教职工，寻找身边每一个人身上的闪光点，发现美、欣赏美、实践美，激发团队正能量，营造时时学习、处处学习的氛围。目前大家的参与热情非常高，连食堂的大师傅干活时都有人拍照，而孩子们也参与进来，写身边的老师，画身边的老师。这是一个净化心灵的过程，也是师德建设的有力抓手。

面对教育综合改革对干部教师的专业化水平提出的新要求，我们还是要做到把学习型学校建设作为学校可持续发展的动力源泉和有力载体。我要继续以校长的视野营造学习氛围，搭建学习平台，创新学习形式，以实际行动带动干部中心组主动、认真、深入地学习，激发教师的学习主动性，在自己学习成长的过程中实现学校所有人员的共同体验、共同成长。

第 二 章
文化·立校

美国的教育家伯尔凯和史密斯曾指出：一个办得很成功的学校应以它的文化而著称，即有一个体现其价值和规范的结构、过程和气氛，使教师和学生都被纳入导致成功的教育途径。[①] 文化是更深层的为组织成员所共享的基本假设和信念，它无意识地发生作用，并以一种被人们视为理所当然的方式规定着组织对自身及其环境的认识。学校文化是学校主体在整个学校生活中所形成的具有独特凝聚力的学校面貌、制度规范和学校精神气氛等，精神文化层面是其代表部分，办学过程中形成的共同价值观念即存在于所有成员潜意识当中指导其"外显行为"的内隐观念是其核心所在。学校文化是学校的生命与灵魂，是学校整体发展的命脉，是学校社会形象的根本，它对学校发展具有价值引导、观念整合、情感激励、规范调节等作用。

一、学校文化，扎根乡土

文化是什么？著名作家梁晓声曾经这样定义过：文化是植根于内心的修养；是不需提醒的自觉；是约束条件下的自由；是替他人着想的善良。苏霍姆林斯基说："学校必须是一个精神王国，而只有当学校出现了一个'精神王国'的时候，学校才能称为学校。"这里所说的"精神"正是学校文化。

（一）理解学校文化及其意义

学校文化是什么？是一所学校的发展历史、价值追求、精神面貌、特色灵魂和核心竞争力的集中体现，是关系学校内涵发展、创新发展和可持续发展的内在动力。我们在学校文化的实践中，努力让学校文化建

---

① 李庆平，刘方庆：《实施文化立校方略，增强学校持续发展动力》，《当代教育科学》2003 年第 2 期，第 23 页。

设成为我们期待的样子：让学校文化成为促进学校发展的软实力！让学校文化成为学校内涵发展的活力之源！让学校文化成为串起校园里人、事、物这些散落珠子的线！让学校文化成为学校的基础性"精神建设"，让有机会犯错的人不愿意犯错！这也是我们在学校文化建设之路上不断追逐的梦想。

学校文化是当代学校发展的方向，是学校生命之所在。学校文化可以为学校提供持续的、滔滔不绝的发展动力，提供经久不衰的生命力和卓越不凡的精神。一所学校，只要有了健康的学校文化，就有了精神支柱；有了追求和向往，就有了在逆境中求生存的勇气和力量，就会成为一种维系成员心理和情感的"磁场"。钟启泉教授在《知识社会与学校文化的重塑》一文中就认为："学校是一种特有的社会组织，作为基础教育的'学校'是以'教师人格'的力量去塑造新生代的人格发展，以'学校文化'底蕴去奠定新生代学历发展的基础。"任何一所学校都有自己的文化，都以文化的形式呈现在人们的面前。不管是历史悠久的学校，还是一所新建的学校，都有其自身的文化。学校首先应该有个性独特的文化，没有个性就没有生命力。① 现代教育的历史发展表明，学校仅仅依靠传统的资源优势，未必能在激烈的教育市场竞争中取胜。只有那些掌握了现代教育科学技术并具有鲜明文化特征的学校，才具有真正的竞争优势。与制度、校园这些"硬件"相比，学校文化这个无形的"软件"才是最硬的东西，才是学校发展的关键。

由于文化的定义众多，不同的文化观必然影响着不同的学校文化观。从整体上看，比较有代表性的有以下几种：一是文化氛围说，学校文化是校园中具有学生特点的精神环境和文化氛围，或是学校在教学管理及整个教育过程中逐渐形成的文化氛围和文化传统。二是意识形态说，学校文化是由学生这一特定的社会群体在学校这一特定的环境中所创造的一种社会

---

① 何长平：《现代中小学学校文化建设研究》，江西师范大学硕士学位论文，2006 年，第 1 页。

文化，是校园意识形态的总和。三是物质、精神总和说，学校文化指学校在长期的育人实践中所逐步形成的具有学校特色的物质财富和精神财富的总和。四是文化要素复合说，学校文化指在学校工作学习和生活中全体人员创造的、具有新的内容和独特形式的、以不同形态存在的、最小独立单位所组成的复合整体。五是文化指令说，学校文化是一套指导师生行为的文化指令。六是启蒙说，学校文化是一种旨在对校园亚文化群体进行精神性现代启蒙的文化形态。七是精英说，学校文化是一种根植于民族文化和城市文化，超前于大众文化的、相对独立的、以精英分子为主体的文化形态。八是活动说，学校文化是学生校园生活存在方式的总貌，是一种寓教育于活动的文化形态。此外，还有精神体系说、文化潮流说等等。上述各种学校文化观都从某一角度或某些方面揭示了学校文化的部分内涵，拓宽了对学校文化认识的视野。然而，从整体上看，这些学校文化观大致又可以分为两类：一类是指学校文化包含了校园生活的多种内容，既有物质的，又有制度和精神的，从事文化活动的主体是教职员工及学生，涉及教学、科研、有组织的或无组织的闲暇生活等，主要体现于一所学校对学生在德、智、体、美、劳等方面要求的综合校风。另一类是指学校内的学生文化，主要以学生的闲暇生活为背景，其主要内容是学生组织社团活动。①

如同人们对文化的理解和表述一样，目前对学校文化的释义亦是丰富多彩。但是无论从何种角度以何种方式表述学校文化，作为一般意义上的学校文化主要有以下内涵：学校文化是在学校发展历史过程中积累、积淀而形成的，以教师和学生为主体的全体师生员工所认同的价值观和自觉遵循的行为准则，是学校物质文化、制度文化、精神文化、师生文化的总和，学校文化的核心价值是以校风为代表的学校精神。

学校文化是由各种文化交织而成的一个文化体系，是一个具有本身特性的文化单元，因而也就形成了一个动态平衡的文化生态。不同的视角，

① 王瑞森：《中小学学校文化建设研究》，华中师范大学硕士学位论文，2007年，第4-6页。

我们可以理出关于学校文化的不同的构成内容。按照学校中的不同群体所具有的文化，学校文化包含领导者文化、教职工文化、学生文化；按照学校文化的职能特征，可以分为决策管理文化、教学学术文化、生活娱乐文化三个层次；以权力支配关系为切入点，则存在主导文化、从属文化；从学校文化的存在方式出发，物质文化、制度文化、精神文化三层结构便凸显出来。关于文化的构成有"两分法说""三因子说""三层次说""四层次说"，但是不管是"两因子"还是"三因子"，抑或是"四因子"，无外乎物质、制度、精神几个方面。

（二）学校文化的特点及功能

学校作为一种特殊的社会组织，既具有一般组织的特征，也有其自身特有的个性。因此，学校文化除了具备一般组织文化所共有的特点外，还具有其他组织文化所没有的鲜明的个性特征。

一是强烈的思想性和明确的选择性，以凸显教育性。学校担负着培养人的历史重任，学校文化必须符合党和国家的教育方针和培养目标，传播社会主义主流文化、正确的价值观、世界观等。因此，学校文化必须对社会文化进行严格的整合和选择，以凸显学校文化的教育性。学校的物质环境，包括校容校貌、建筑物、教室里课桌的摆放以及名人名言、格言警句等无不散发出教育的气息，使人感受到教育的力量，不可避免地接受学校文化潜移默化的影响。学校的规章制度、行为准则对全体成员都有规训、教育的作用。有计划的教育活动包括课堂教学活动及辅导活动，都是为了实现教育的目标。

二是明确的规范性和严密的系统性，以凸显整体性。学校文化不像茶楼酒店等社会民俗文化那样具有较大的随意性和盲目性，而是紧紧围绕培养目标和规格，经过精心设计、严密组织而形成的系统文化，具有整体性。学校文化作为一种特殊的文化，在内容上具有综合性，是对学校教育、教学、管理等各方面的整体概括和综合，这种综合性要求文化需要被每一个教职工在心理上认同，并能为组织成员共同享受。学校文化一旦形成，其包含的价值观、信仰、行为准则等精神因素，会作为一种文化意识形态弥漫于整个学校之中，渗透到学校所有成员的一切活动和行为中。人们时时会感到它的作用和约束，并以此自觉规范言行。

三是目标的理想性和明确的指向性，以凸显象征性。学校文化建设要着眼立足于学生素质的全面发展与提高，用理想的目标来培养学生、要求学生，关注学生的未来，提升学生的生活和生命境界，形成健康向上的价值观。学校文化的象征性是指学校文化隐含着某种特定的意义。学校建筑物的外观，比如图书馆、学生统一的校服、校徽、纪念章、雕塑等都体现了一定的含义。还有，每周的升旗仪式，是对学生进行爱国主义教育的好方式；少先队员的敬礼，表明对老师的尊敬。

四是教育的隐藏性和效果的久远性，以凸显独特性。精神文化、建筑文化、环境文化等对学生的影响不是直接的，而是隐性的，潜移默化的。但是它们的影响一经产生，效果又是显著的、久远的，有的甚至会影响学生的一生。每一所学校由于历史传统、管理方式、办学模式、实践水平甚至所处的位置及地理环境和社会环境的不同，都会形成具有本校特色的学校文化，这种独特的学校文化与其他学校总会有所区别，主要表现在学校成员价值观、行为方式、学校精神、学校风气等方面。

根据现在的研究与理解，学校文化的功能显现出多样性，具体来说有：

一是育人功能。学校文化最主要的功能就是和课堂教学密切配合，共同完成培养学生的工作，包括品德的培养、知识的启迪、审美的熏陶，把学生培养成为社会需要的有独立个性的全面发展的人才。

二是管理功能。学校文化中的环境、制度、校风、校训等对师生都有约束力，它调节、控制着干群、师生、人和物等之间的关系，促进学校的管理。

三是凝聚功能。学校文化能加强师生对学校的认同感、归属感、荣誉感，团结、凝聚师生，激发师生好好地工作、学习、发展，还可以把学校、家庭、社会凝为一体，形成办学的合力。

四是激励功能。学校文化能起到传统激励方法所不能起到的积极作用，因为学校文化的塑造能满足组织成员的多重需要，并能对各种不合理的需要通过组织精神的培养予以调节。同时，因为学校文化的本质是尊重人，以人为中心，所以能够在学校成员行为心理中持久地发挥激励作用。

五是传播功能。学校文化作为社会文化的亚文化，要传播民族优秀传统文化、现代社会主流文化，有选择地传播大众文化、世界其他国家民族的文化，促进文化的了解、交流、融合和发展。

(三) 学校文化建设的原则

一是因地制宜、因校制宜原则。强调各发展主体的个性化发展，尊重发展主体的个体差异。我国地域辽阔，各地自然条件、经济条件和文化背景都存在显著差异，不同学校之间在经费、设施、师资、生源、资源和环境条件以及文化传统等方面也有所不同。

二是建设的系统性原则。在文化建设内容上，强调综合文化的观念，涉及学校管理、德育工作、课堂教学、学术活动以及物质环境建设等方面；在文化建设实施的主体上，应重点考虑教师与学生的建设与培养；在文化与社会的关系上，强调学校文化和社会文化之间的相互依存、相互协调、相互促进；在发展过程中，要有全局观念，明确文化建设过程中的任何一个方面的失败不仅会影响其他方面的发展，还会影响系统整体的发展。学校文化建设应在学校现有各种资源的基础上，对学校组织各部门、学校文化各内容、学校各成员主体进行完善和整合，应与社会进行文化互动，与个体进行文化互动，在互动的过程中不断生成、发展学校文化，实现可持续发展。

三是继承和创新原则。文化发展如同社会发展一样，时时遵循新陈代谢的规律，这是我们讨论继承和创新原则的理论基点。因为继承和创新之间的本质联系就是基于新陈代谢的原理。人们自己创造自己的历史，但是他们并不是随心所欲地创造，并不是在他们自己选定的条件下创造，而是在直接碰到的、既定的、从过去继承下来的条件下创造。根据这一原则，文化继承和创新有三种形态：对某些内容和形式都已经陈旧，并且已经失去了生命活力的文化，我们应给予淘汰、去除；保留某些仍有"合理存在"性的文化形式，革新其内容；在文化营造时，对一切有利于新的时代、新的社会生活发展的文化内容和形式要大力提倡，使之发扬光大。

二、"三 yue"文化，均衡发展①

学校文化建设是学校综合办学水平的体现，也是学校个性魅力与办学特色的反映。随着市、区完小规范化达标和抗震加固工程的进行，中心校各完小实现了硬件均衡。如何以"文化"引领学校发展，促进软件环境的进一步优化、均衡、持续发展，是我们近年一直努力实践的重点。

房山区琉璃河中心校位于首都北京的南大门——琉璃河镇，始建于1905年，是一所具有百年历史的农村学校，服务于周边20余个自然村和社区，是一所普通乡属中心小学，下辖兴礼、祖村、立教、三街四所完小。多年来，学校坚持以八个统一为管理策略，不断深化"面向全体 均衡发展"的办学特色。硬件均衡的目标随着完小规范化达标等各项工程的实施得以顺利实现。面对区教委提出的从外延质量型向内涵效益型转变的目标，着力以学校文化建设为载体，促进学校内涵发展、均衡发展和特色发展，是我们一直思考并努力实践的重点。

（一）理念引领，凝聚文化内涵，构建"三 yue"文化框架

一是理念引领。经过多年实践探索，丰富发展，学校提炼出了"让师

_____

① 本部分凝练后以《加强文化引领　促学校均衡发展》为题，发表于《北京教育》，2014 年9 月。

生享受阳光一样灿烂的教育"的办学理念。"享受"是一种积极向上、乐观豁达、善良包容的人生态度。教育是一种健康、纯真、充满智慧的生活。"阳光一样灿烂的教育"是指一种人人受教育，人人有希望，人人得关爱，人人获成功的教育。

在先进办学理念引领下，我们以构建"三 yue"（悦—阅—越）文化为实施载体，努力实现让师生享受阳光一样灿烂的教育。"三 yue"的文化内涵：悦即悦人（欣赏别人），进而悦己（悦纳自己）；阅即阅人（学习他人），进而阅己（完善自己）；越即越人（树立目标），进而越己（超越自己）。三者是相辅相成互相支撑的。"悦"是基础和内在驱动力，是贯彻始终的基本线；"阅"是方法和途径，是教师和学生提升的方法和抓手，它不仅仅指阅读，还指以阅读为代表的解决问题的方式方法；"越"是目标和最终诉求，关注教师学生的终身发展，在"越"中得到成功的体验，为学生的幸福人生奠基。将"三 yue"文化作为一个实施载体，一个抓手，融入五所学校的各项工作中，共同的价值追求和愿景，营造琉小积极向上、合作交流、锐意进取、不断超越的良好氛围，努力向着文化管理的高层次目标迈进，向着实现五所学校高层次均衡发展的目标迈进。

二是整体规划。我校在建设进程中深入进行磋商、研讨、调整，逐步建构了围绕"办学理念：让师生享受阳光一样灿烂的教育"这一精神文化核心的"三 yue"文化框架体系。

1. 校园环境，提升品位——在"三 yue"氛围中熏陶人

（1）明确思路，整体设计是前提。我校校园环境建设思路为：体现主题（悦阅越）、自主设计（师生参与）、灵动精致。各校自主进行整体设计、建设、实施。既主题鲜明，又各具特色。

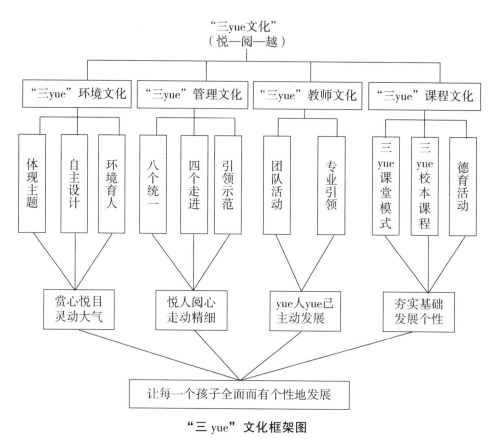

"三 yue"文化框架图

（2）师生参与，服务学生是关键。走进中心小学，草坪里的"三yue"石、楼道中的主题字，体现着师生的核心价值观。教学楼各楼层分别以"悦—我们有美德""阅—我们爱读书""越—我们有理想"为主题设计内容。楼道墙壁是每个老师、孩子展示才能的舞台；班级图书角是孩子们的驿站。榜样墙让师生能够在欣赏他人中学习进步，在悦纳自我中积淀自信、激励自己不断超越。办公室门前的个人愿景表达着每个人的目标。老师们践行着"感恩生活、快乐工作、和谐发展"的工作理念，各位老师的座右铭，让我们感受到老师们强烈的爱心和责任心。

百阅阁、小溪书屋是各校孩子们的图书阅览室，操场上的体育器材，让孩子们随时可以跳绳、踢毽、打球……

学校环境处处体现着"三 yue"文化，师生们每天浸润在"三 yue"的环境氛围中，潜移默化地受到了文化环境的熏陶和感染。

2. 学校管理，悦人阅心——在"三 yue"实践中锻炼人

（1）构建精细化管理网络。中心校实行统一管理下的分工负责制，分块管理，分点负责，点块结合。明确每名干部的岗位职责，落实完小主任是完小工作第一责任人、主管领导是各块工作效益的第一责任人的管理负责制，落实中心校干部包校制度。形成了校长——副校长（主管主任）——完小主任——教师——学生的管理网络。进一步优化学校组织，做到信息畅通、协调高效、运作有序。

（2）实施"八个统一"管理策略。我校不断强化"1＋4"的一体化的管理，以"八个统一"为管理策略，即统一规划、统一制度、统一培训、统一教研、统一调配、统一考核、统一表彰、统一"文化"。"八个统一"使得各校管理有章可循，软件上实现中心校的均衡、内涵发展。

（3）落位干部"走动式"管理方式。以"高站位决策、低重心运行、近距离服务"为宗旨，干部在"走动式"管理中转变管理方式，提高管理实效。一是"走动"。每周做到"4 个走进，2 个问题"，即走进完小、课堂、教师、学生，发现真问题，想到解决问题的办法并在每周例会上交流情况。二是"捆绑"。每两名干部与一所完小捆绑式发展。三是"参与"。干部参与主打学科课堂评价、教研活动、质量监控、质量分析，形成了"走得动，沉得下，看得准，思得深"的工作作风。

"八个统一"管理策略的实施是中心校各完小实现软件均衡发展的保证，干部在走动式管理中了解了实际情况，真正实现"阅"心——读懂老师和孩子们，这也是做好学校管理的前提。

3. 教师队伍，yue 人 yue 己——在"三 yue"活动中成就人

（1）团队与氛围，让教师们悦人悦己。

学校聘请专家进行"科学减压 塑造阳光心态"专题讲座；组织开展

教师团队拓展、运动会、庆教龄春节团拜会、乒乓球赛等各项团队活动；每天上午课间操、下午大课间跑步，所有教师全员参与；每周"悦"分享——"讲讲我身边的他"和"我的教育故事"，让老师们学会了欣赏他人，悦纳自我。

（2）研究与实践，让教师们阅人阅己。

"三维联动"校本研修。学科主题校本课例研究：市级专家——教师——学生。联校教研：完小——教师——学生。完小教研：干部——教师——学生。

"每周悦读"。校园网站，每周会发布共读文章，大家读后，在博客中交流读书体会。《第五项修炼》《教师的五项基本功》等都是共读书目。

（3）责任与价值，让教师们越人越己。

每一位教师都根据自身实际情况制定三年发展规划，确定了自己的专业化发展目标。每学年初，都要撰写"爱生承诺语"。"全员德育大家谈"成为品牌活动。

4. 课程建设，超越自我——在"三 yue"课堂中培养人

以"三 yue"文化为核心，构建"三 yue"课堂教学模式，以"三 yue"校本课程体系构建为载体做实学生活动，努力实现"让每一个孩子全面而有个性地发展"的办学目标。

（1）"三 yue"课堂，和谐互动。

创新 1347 课堂教学模式。即

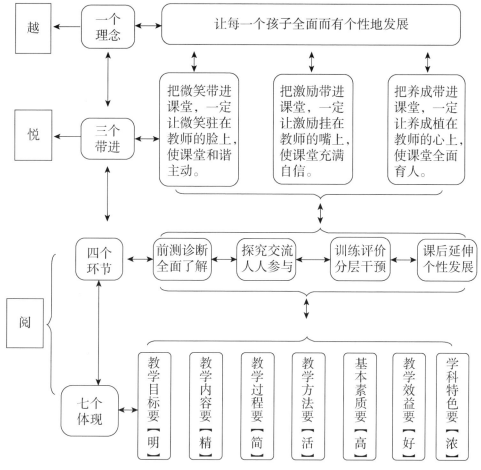

琏璃河中心校"1347'三yue'课堂教学模式"框架图

（2）尊重个性，形成"三yue"学生活动校本课程体系。

一是立足学校，深入挖掘校本课程资源。琏璃河镇是著名的历史文化古镇，西周燕都遗址是北京之源，是全国重点文物保护单位，利用这一地域优势资源我们开发了《我实践 我成长》校本课程，并利用这一课程让学生了解历史和家乡，并到西周燕都遗址进行小小讲解员的实践，提高了社会实践能力。

二是系统规划，逐步形成特色校本课程体系。第一，"悦"主题——《我尝试 我自信》《我坚持 我快乐》。心语信箱悄悄话，心理专题活动课，三街小学校园剧、立教小学生命绽放集体舞。第二，"阅"主题——《我阅读 我提升》读书课程："阳光阅读"读书节活动、古诗文诵读、课前三分钟展示（朗诵、作文、演讲等）；《我实践 我成长》体验实践课程：我是校园小主人——每人一岗、我是小小讲解员、升旗仪式我承担（每周一班）、学当小园丁（蔬菜种植）、我是小小播音员、社会大课堂实践等。第三，"越"主题——《我运动 我健康》、《我超越 我自信》体育学科拓展课程（祖村小学太极拳、三街小学团体操、中心小学武术、健美操）、阳光悦动大课间跑步课程等。至今，三大主题、六大系列共计 38 门校本课程构成了完整的"三 yue"校本课程体系。

（二）重点工作，践行"三 yue"文化

1. 队伍建设：在"三 yue"实践中锻炼人

实现均衡发展的关键是队伍，打造一支和谐团结、锐意进取、德才兼备的干部队伍是前提，干部队伍又必然会带动、影响教师，实现学生发展、学校发展的目标。

（1）团队与氛围，让干部教师悦人悦己。

中心校实行统一管理下的分工负责制，推进扁平化管理，分块、分点，点块结合。明确岗位职责，落实完小主任是完小第一责任人、主管领导是各块工作效益的第一责任人的管理负责制，优化学校组织，做到信息畅通、协调高效、运作有序。工作中，校长有权不独揽，支部监督不越权，工会协商不包办，副职执行有主见，中层办事有实效，一切围绕目标转。在干部中倡导"五要五不"，即互相信任不猜疑、互相交流不隔膜、互相支持不拆台、互相谅解不指责、互相关心不冷漠。干部们做到了分工不分家、为人大度、做事大气，用纯净的心，做专业的事，营造了干部想干事、能干事、干成事的良好氛围，具有发挥整体优势的团队战斗力。

镇政府的教师班车、学校的早餐工程等多项举措，让琉小人体会到家的温馨。丰富的校园生活，营造了宽松和谐的氛围。心理讲座、团队拓展等团队活动，让大家在放松身心的同时又懂得团结和谐、合作分享才能做

好工作。在"说说好党员 传递正能量""我身边的 yue 教师""悦享琉小故事 感悟幸福人生"等活动中，老师们述说着身边感人的事例，道出了辛苦与幸福，在欣赏他人、悦纳自我的和谐氛围中累并快乐着。

（2）研究与实践，让干部教师阅人阅己。

干部团队坚持学习中借鉴、讲座中共赢、听看中感悟、交流中反思、实践中提升的培训学习方式，着力提升沟通能力、执行能力、专业能力。明确每名干部要做引领者、服务者、示范者，严于律己，团结同志。工作中以高站位决策、低重心运行、近距离服务为宗旨，强化"走动式"管理，发现真问题，解决出实招，转变管理方式，提高管理实效，实现聚焦课堂。通过日常管理，团队展示交流等措施，深入践行，交流反思，实现了在学习中共同进步。

我校以区教委"学习课标、研究教材、优化教法"活动为载体，采取请进来专家引领、走出去学习交流、校内研究等多种方式，引领教师在研究实践中，学习他人，完善自我，促进专业发展。形成了以"调研定题、教材对比、理论支撑、课堂实践、课后研讨、改进提升"六部曲为流程的校本研究模式。作为北京市校本课例研究示范学校，我校在"房山区基地校建设总结表彰会"上进行了"主题确定、文献整理"环节展示，做了典型发言。

（3）责任与价值，让干部教师越人越己。

发展是学校的目标，干部则是推动发展的关键。在制定学校规划和校章中，干部们深刻体会到要对组织负责、对工作负责，坚定一个好主任就能带出一个好完小的信念。通过"我承诺 我践行"计划交流、管理论坛、完小评价等平台，干部们更加明确了实现自身价值就在于完成责任。

只有自身不断超越提升，才有能力胜任岗位要求，履行育人责任。我校每一位教师都制定教师职业生涯规划，确定专业化发展目标。积极承担各级研究课、展示课，在实践中锻炼自己。燕都杯课堂评优、学研优展示、新任教师汇报等多项活动，给教师创造主动发展的机会，让教师体会到成长的幸福和自身的价值。在不断实现目标的过程中超越自我。

2. 制度创新：在"三 yue"评价中激励人

要想让学校的办学水平向纵深发展，制度创新、科学评价是突破瓶颈的有力措施。"八个统一"的学校管理，使得制度得以统一，执行得以落位。

一是团队评价制度促进完小均衡发展。评价分为随机和定期，每学期末进行一次全面工作评价。几年来，团队评价搭建了完小交流与展示的平台，对实现各校同步发展、校校精彩的均衡发展目标起到了推动作用。仅"三 yue"校本课程建设中，祖村小学的空竹在房山区展示中受到好评，兴礼小学轮滑队、电子报刊有模有样，三街小学的校园集体舞和口风琴、立教小学的小篮球和合唱，各具特色，更成为以学生发展为核心的"三 yue"课程的组成部分。六一前夕，120 名孩子到苏桥中心校进行汇报，获得在场领导、教师、家长的广泛好评。二是教师评价制度激励教师努力工作。一年一度"感动校园 yue 教师"评选活动（共分十大奖项：乐观向上奖、热爱阅读奖、仪表优雅奖、努力奋进奖、爱心助人奖、教学能手奖、学生喜爱的班主任奖、管理服务奖、课程创新奖、课堂实践奖），优秀教研组、课题组等系列评比表彰制度，使教师得到了应有的尊重和认可。根据专任教师不足的现状，将跨校兼课发展为跨校上课，一字之差更加强调了老师的责任和两校的管理，并将其写进校章。进一步规定跨校上课教师管理、工作量、待遇等细节问题，在有效解决师资不均衡问题的同时激发跨校上课教师工作的积极性、主动性。三是教师考核评价制度、课评制度、校本教研制度、减负提质方案等各项制度在不断实践中完善创新，成为促进教师、学校持续健康发展的有力保障。

3. 课程建设：在"三 yue"活动中培养人

（1）夯实"三 yue"课堂。

一是打造"悦心"课堂，让学生愉悦、和谐、自信。将三个"带进"融入课堂：把微笑带进课堂，让微笑驻在教师的脸上；把激励带进课堂，让激励挂在教师的嘴上；把养成带进课堂，关注学生的习惯培养。努力创设恰当的教学情境，引发学生兴趣。充分挖掘学科知识内在的逻辑之美、应用之美，激发学生兴趣。二是打造"探究、合作"的课堂，让学生在经历、体验中成长。学科教师备课时要设计"悦学单"，包括：预习任务，学习中发现的问题，课上探究交流的问题，探究交流过程及结果，训练评价，在课堂教学实施中运用。把落实"探究交流，人人参与"环节作为课堂建设的重点，规定两"减少"、一"关注"的教学要求（减少干预，给足学生探究的空间，要求教师去掉过碎的问题，减少过多的讲解，要学会等待；关注学生的学习方式，引导学生自主探究、合作交流）。让孩子在"自主学习、小组合作、汇报展示、补充评价"四环节中学会自主探究、互助合作、交流表达、评价欣赏、质疑解疑。真正做到人人参与，人人发展。以课堂评价为抓手，引领教师更加关注学生的学习状态、学习方式，学习后劲。通过上课、观摩，研讨交流，进一步推动我校"三 yue"课堂构建，提高教学实效。

（2）完善"三 yue"校本课程。

激发学生兴趣，发展学生特长，满足学生个性化发展需求是我们打造校本课程的标准。构建以"悦"为主题的《我尝试 我自信》《我阳光 我健康》，以"阅"为主题的《我阅读 我提升》《我实践 我成长》，以"越"为主题的《我运动 我健康》《我超越 我自信》的三大主题、六大系列的校本课程。打造中心校统一安排和完小自主选择、学生必修与选修相结合、定性与定量评价相结合的较为完善的校本课程体系。

"一枝独秀"——《阳光阅读》校本课程。规定全校三至六年级利用校本课开设《阳光阅读》，由班主任指导，以教师选定适合学生阅读的文章为主，学生自选内容为辅，并利用板报、手抄报、广播等形式展示。我们通过不断摸索教学方法，提高课堂教学效率，激发学生读书兴趣。每学期举行两次朗读比赛。在语文、英语、品社、科学等课上，实施课前"三分钟展示"活动，学生用多种形式展示与学科相关的内容，推动学生自主阅读，提升了学生表达能力。我们把每年的 11 月定为校园读书月，通过教研组的力量，编写了主题为"沐浴书海，悦享书香"的各年级读书月活动手册。每个年级又依据本年段学生特点自主设计小主题：一年级《小小动物园》，二年级《四季如歌》，三年级《自古英雄出少年》，四年级《我与名人零距离》，五年级《与爱同行，做感恩少年》，六年级《行走 发现 感悟》。召开了师生读书分享交流活动。大大提高了学生的阅读能力和语文素养。

"百花齐放"——个性化德育校本课程。学校鼓励各完小在校本课程开发上创品牌，彰显完小特色。如中心小学的《我是小小讲解员》《盘子画》和武术、舞蹈、健美操；三街小学的校园课本剧；立教小学的小篮球；祖村小学的太极拳、空竹；兴礼小学的竹韵操、轮滑；等等，都绽放着校本课程的光彩。至今，我校已有 19 门校本课程通过了房山区评审，形成了"三 yue"系列校本课程，为在课堂中实现学生的全面、健康、快乐、个性化发展奠定了基础。

利用升旗仪式实施的《班级风采展示》，一周一班展示特色，锻炼学生才能。内容丰富：学雷锋、好书推荐、历史上的今天、火灾救助等。形式多样：诗朗诵、演讲、合唱等。传递正能量，大家受教育。

走进博物馆活动，走进社会大课堂活动。每年的五年级学生都要走进家乡"西周燕都遗址博物馆"进行参观、做小讲解员、实地调查、进行品社学科《青铜铸造一枝独秀》的现场教学。学生在参与的过程中获得积极的体验和丰富的经验，为发展学生的创新能力、实践能力、社会责任感以及良好的个人品质提供了平台。

校园艺术节、体育节，异彩纷呈。每次活动都邀请学生家长共同参加，做到人人参与，人人展示。艺术节上，作品展示、文艺演出，异彩纷呈。体育节上，亲子项目、班级比赛，奋勇争先。

社团活动丰富多彩。全校师生每周一都会听到广播社同学悦耳的声音。自律社、小记者团的成员更是每天都活跃在校园的每个角落。

每日必修——"我是校园小主人"每人一岗课程。关灯、关窗、擦黑板、擦窗台、浇花、收作业等各项事务，大家承担，每人一项，每学期轮换一次。孩子们在实践中不仅提升了能力，更增强了责任感、主人翁意识。

（三）成效、反思与规划

近年来，我校先后获得北京市规范化建设先进集体、十二五课题《以"均衡发展"为主题的农村中心学校文化建设研究》北京市一等奖等多项集体荣誉，但我们更知道，学校一切工作的出发点和归宿都应该是为学生发展服务，围绕"三 yue"主题，在以凝聚共识、队伍建设、制度创新、课程实施为重点促进学校均衡发展的进程中，形成了我校《"三 yue"文化指标体系》，"三 yue"理念得到了广大干部教师的认可，学校形成了和谐、团结、奋进的氛围。各校学生课外活动、校本课程丰富多彩，形式多样，正在由普及向着精品不断努力。各校以"三 yue"文化为引领，办学品质不断提升，正在向均衡而有个性的方向发展。中心小学肖长红老师说："在我们眼中，琉小就是一所魅力无穷的学校。这里很美，美在一种氛围，美在一种气质，美在教师爱岗敬业的精气神，更美在孩子们由内而外升腾的勃勃朝气。"老师家长们的感受和评价，不正说明"三 yue"文化建设的价值所在吗？

反思我们的学校文化建设，虽然开展了大量的实践探索，看到了一些效果，但也还有许多问题值得我们深入思考：课题研究中实践层面多，缺少理性思考，总结提升的还远远不够；在"三 yue"课程、课堂的构建上还需要深入探索研究；"三 yue"文化体系虽已出台，但还需要通过进一步的学习和研讨，让全体师生对"三 yue"文化加深理解和实践。今后，我校将继续走好文化引领学校均衡发展之路，服务一方百姓，为实现让每一个农村孩子全面而有个性地发展这一目标不懈努力！

三、行实文化，优质发展

党的十九大报告中指出：人民对美好生活的向往，就是党的奋斗目标。作为学校，作为教育人，如何满足人们对教育的期待，如何适应新时代对教育的要求，如何完成党和国家赋予我们的使命，是每一位北工商附小人的所思所想。

北工商附小（良乡中心校）于 1978 年建校，目前有中心、太平庄、东沿村三个校区，2 862 名学生，77 个教学班，185 名教职工，其中 37 名市区级骨干教师，13 名高级教师。三年来，我校全面落实党的教育方针，落实立德树人的根本任务，全面实施素质教育，秉承"行于实，方乃成"的办学理念，以"让学校成为生命成长的体验场"为办学目标，以"让每一颗种子朝气蓬勃的生长"为育人目标，全体干部、教师干事创业，锐意进取，在落位行实文化的过程中，站位新时代，主动谋发展，努力办老百姓家门口的好学校，走实优质学校建设之路。

（一）构建行实文化，引领三校区高位发展

学校文化是一所学校多年的积淀，是师生的自觉行为，也是不断发展变化的。与北京工商大学合作办学后，重新思考我校文化体系。思考之一：作为北京市第一批文化建设示范校，我们将如何让学校文化引领学校今后的发展？思考之二：对体验教育的深度理解与认知。思考之三：更名后学校面临的新发展，在这个新的发展机遇面前，我们应该如何抓住这一契机？我们应该在体验教育的基础上传承与发展，重新构建我校文化。体验教育是学校特色，注重实践、参与、感悟。北京工商大学强调的是实干兴校，实业兴国。我们努力挖掘与北京工商大学共同的文化基因，在体验教育实践的基础上，梳理、凝练学校文化理念，完善顶层设计。

2016 年 4 月底，"行于实，方乃成"的办学理念得到了全体干部、教师的认可与肯定。特别是 2016 年 4 月 26 日，我校在北京市学校文化建设研讨上的发言得到了市级专家的认可，更加鼓舞了我们对学校文化提升的信心。因此，我们围绕"行于实，方乃成"，梳理学校办学实践体系。

办学理念：行于实，方乃成

办学目标：为每一颗种子创造生命成长的体验场

育人目标：让每一颗种子朝气蓬勃地生长

管理文化：服务于实，务实于行

党建文化：红色种子，行实先锋

课程文化：多元丰实，动静相宜

课堂文化：生态厚实，活力共生

教师文化：尚德求实，教学共进

学生文化：求真向善，求实达成

环境文化：灵动真实，自主体验

校　　训：求真向善，求实达成

学校文化体系的再次提升建构，让学校文化引领学校发展有了新的发展阶段，文化成为师生的自觉行为，真正地入脑入心入行。将文化育人作为立德树人的主要载体，通过"行实文化"落位班级促进师生成长及学校发展，影响并带动全区，曾于2017年6月20日召开全区班级文化现场会。用文化引领学校工作，让文化融于学校工作，让各项工作夯实文化，努力为学生提供适合自己的多样化的成长路径，为儿童积攒面向未来、回报社会的力量。

（二）落位行实文化，引领学校主动发展

文化体系的构建，让我们的工作有了魂。开始了在实际工作中的落位和建构。三年来，我们主动思考、主动实践、主动发展，走出了一条用文化引领学校走向优质发展之路。

1. "服务于实，务实于行"的管理文化，提升管理绩效

乔布斯的哲学，他说：跳出那些束缚思维的框框，才能追求不断变化的创新！世界上唯一不变的，就是变化。学校管理在继承和坚守中，面对新问题、新要求、新发展，不断思考创新，从而实现向管理要绩效的目标。我校一直坚守"服务于实，务实于行"的管理文化，遵循"高站位决策、低重心运行、近距离服务"的管理宗旨，实施"八个统一"管理策略。

面对分校区规模不断扩大，社会、家长对均衡优质的教育资源需求更为迫切的现状，我们直面学校发展中的新问题、新要求，不断创新实践，促进三校区均衡优质发展。

从1+n到1+1+1。2017年之前的中心校管理模式是1+n，突出的是中心小学对完小的示范、引领、辐射作用。学校办学规模不断扩大之后，主动求变，开始实践校区管理的探索与实践：1+1+1。形成"中心

主导，校区主抓，部门主做"的校区管理思路，即中心校区横向主管责任制，分校区纵向分管负责制。形成五级联动管理体系：校级干部分校区——宏观管（任各校区支部书记），中层干部分校区、分部门——专项管，教研组长分学科——跨校管，一线教师分班级——主动管，后勤人员全参与——协同管。五级联动的管理体系，强化各层级的责任落实，横纵结和，有序推进。强化中层管理的作用。凸显校级干部对各校区的深入和指导，从而促进各校区均衡发展。

三个校区在教育管理标准、队伍建设、干部教师调配、资源配置、评价考核等方面都实行统一管理，如：东沿村校区音乐教师不足，采用中心校区音乐教师跨校上课的方式解决。

从校区人到附小人。2018 年开始，我们进行轮岗体验活动，干部教师在校区间轮岗体验。一是引领干部教师打破惯性思维，跳出完小的小圈子，树立我是附小人的大局意识；二是通过轮岗，体验不同校区的管理优势，相互学习，取长补短。

从个人特长到校区亮点。太平庄校区的张春人老师擅长书法，丹丹老师擅长健美操，王杰老师擅长花跳，中心校区王春艳老师擅长纸造型，这些正逐渐成为校区的亮点。

三个校区如何做到优质均衡，是我们的着力点。一方面，都要遵循"行于实，方乃成"的办学理念，落实十个统一的管理策略，凝心聚力，步调一致；另一方面，根据各校区的优势和特色，各美其美，美美与共。把长项做长，让亮点更亮。东沿村校区的阅读，太平庄校区的写字和特色课间操，逐渐成为校区特色。满足老百姓在家门口上好学校的愿望，让更多的孩子享受公平而有质量的教育，是我们学校管理的追求。

2. "红色种子，行实先锋"的党建文化，引领办学方向

我校坚持以党建工作为指引，坚定不移贯彻党的教育方针，落实立德树人的根本任务，促进学生全面发展。发挥党组织在课程建设、学校文化、教育教学、考核评价等领域的定向把关作用，确保教育改革方向正确。将"两学一做"学习教育常态化、制度化和学习宣传贯彻党的十九大

精神。依托"三好"行动，将行实党建真正做实，切实发挥支部战斗堡垒作用。

第一，开好各层组织会议。我校支部始终坚持以会代训，通过不同层级、不同内容的会议实现统一思想、提高认识、促进工作的目的。每月一次党小组会，一次主题党日活动，每学期一次领导班子民主生活会和党员组织生活会，每学期至少组织两次全校党员大会。通过会议，深入了解时事政治及当前教育热点难点问题，开展多种形式的学习宣传贯彻党的十九大精神、学习习近平新时代中国特色社会主义思想等教育活动。支委的民主生活会，总结反思，开展批评和自我批评，不断改进工作方式方法。通过学习培训活动，提高了党员干部教师的认识水平和思想觉悟，树立大局观念，带头"撸起袖子加油干"，为学校发展贡献力量。

第二，当好红色种子先锋。支委讲好党课。学校党总支的每名委员，按照党总支部计划安排要为全体党员上一节党课。《尊崇党章，从履行党员义务做起》《一份情怀、一首歌，献给我的校园》《坚定信念，砥砺前行》等专题党课受到了党员们的一致好评。党员上好示范课。每名党员每学期上一节"党员示范课"，发挥党员教师先锋示范作用。站好义务先锋岗。"红色种子义务先锋岗"行动计划。党员们申报志愿岗：如特殊时期安保岗、常规管理协助岗、校园文化讲解岗、大型会议服务岗、学校宣传片制作岗等，党员们在完成好自己的本职工作外，利用课余时间义务为学校、教师、学生做更多的服务，体现出党员们强烈的为人民服务的宗旨意识。带好身边群众。开展党员一连二，一名党员联系一名教师和一名学生，增强党员联系群众的意识。引导党员在任何岗位、任何地方、任何时候、任何情况下都牢记党员身份，立足岗位，创先争优，示范带动群众。

第三，搞好主题活动。在党员中开展"三比三亮"活动，"三比"即"比师德、比技能、比质量"，党员要人人追求高尚的师德、熟练的教育技能和出色的教学质量。"三亮"即"亮身份、亮承诺、亮业绩"，让党员先锋模范作用深度融入教育教学和管理服务中。学校党支部每月开展一次主题党日活动，先后组织开展了"我是一颗红色种子""七一"走进铁军纪念营等多次主题党日活动。以"承诺、亮诺、践诺、评诺"为主线，在立足岗位、专业立身示范中当先锋，在"四有好老师、四个引路人"中当先锋，在党员承诺、民主生活会等活动中当先锋。

2017年以来开展"红色种子"党建项目建设的研究与实践，积极探索新时期学校党建工作的新思路和新方法，注重培育具有本校特色的党建品牌，"红色种子，行实先锋"党建文化已经形成。党建文化建设坚持与主题教育活动相结合，与日常组织生活相结合，强化党员的理想信念，提升党员的党性修养，引导每名党员具有坚韧不拔、奋发向上的种子精神，宣传党的主张，传承"红色基因"；做践行行实文化的先锋，影响带动教职员工积极工作，教育培养好祖国的下一代，为党育人，为国育才。

重点在激发种子情怀、凝聚种子精神、彰显种子力量、践行种子使命、助力种子成长五个方面做实工作。党组织建设摸索出"三融""三同"新方法。指挥融合：党总支与行政班子相融合，发挥对各项工作的指导作用。工作融合：党组织瞄准教育教学这一核心围绕重点、难点开展工作。身份融合：总支委员和校级干部，党员和班主任、教研组长、骨干教师，身份的融合让每个人能够用更高标准严格要求自己。压实每名干部的党建责任，做到党建工作与教育教学工作同部署、同落实、同考核。2018年11月，我校召开了党建品牌发布会；2019年7月，梁书记在全区做品牌宣讲；同年10月16日，市委常委、市教工委书记王宁来我校调研，给予高度评价。

3. "多元丰实，活力共生"的课程文化，促进学生发展

我校将"种子成长"课程建设作为促进学生全面发展的载体。根据小学教育启蒙性的特点，将每个孩子看成一粒种子。"种子成长"课程是指基于学校"让每一颗种子朝气蓬勃地生长"的育人目标和课程目标，依据"种子成长"的需要及种子的精神、特性，从根基课程、磨砺课程、适性课程三个层面构建的适合"种子"全面而有个性成长的课程。即"13536"种子成长课程体系：一条主线——培养全面而有个性发展的行实少年，三大素养——健康乐学、顽强自立、求实向善，五个领域——道德与修养、

语言与人文、科学与技术、体育与健康、艺术与审美，三类课程——根基课程、磨砺课程和适性课程，六项目标——一个好身体、一种好品格 、一种好思维、一手好汉字、一篇好文章、一项好才艺。

（1）整体构建。

实施根基课程，遵循三个原则，用好四条路径，努力由学科教学走向学科教育，让学校的育人目标落地。在平凡的课堂教学中，落位国家课程，认真上课、好好上课、把课上好，令每一节课都能做到"让学习真实发生"，其实是十分艰难的，但这是我们不变的坚守。磨砺课程主要包括：道德体验、阅读漫笔、科技探索、体魄磨炼、艺术实践五大板块。其中十大体验区课程是我们的特色课程。发挥中心校区十大体验区资源优势，重构课程空间，给学生更大的选择性。构建了十大体验区课程体系，十大主题课程跨学科综合实施。适性课程：实施中采取整体规划＋校区自定课程＋学生选修＋时间固定的方式推进。比如：民族鼓乐课程在三至六年级逐步实施推进。三年级：了解中国鼓文化。四年级：学习基本技法。五、六年级：形成演奏能力。三个校区分别有自己的鼓乐特色：中心——中国鼓 ，太平庄——太平鼓，东沿村——花鼓，编辑了民族鼓文化校本课程纲要和讲义。

（2）优化整合。

三类课程整合；学科整合；时空整合；校际整合；动静整合。

（3）目标细化。

将六个目标进行细化，即一个好身体，一组好品质，一种好思维，一手好汉字，一篇好文章，一项好才艺。进行分年级具体描述。

（4）实施策略。

一是文化引领策略；二是项目驱动策略；三是优势放大策略；四是重构课程空间；五是机制助推策略。

以项目驱动策略为例：项目式学习是一种以学生为中心的、动态的学习方式，通过学生主动地探索现实世界的问题和挑战，领会到更深刻的知识和技能，我们以项目式学习为载体推进磨砺课程建设。具体做法：

一是培训学习。2019 年 2 月 22 日，我们邀请北师大秦晓虹教授为我们做了关于项目式学习的培训。由于绝大多数老师是第一次听说项目式学习，尽管一上午的培训很精彩、大家也都能积极参与，但如果真的付诸实施，大家还是感到很困难。我们很清楚，学校教育的目的不能仅仅停留在让学生掌握各领域的基本知识，更要注重培养学生综合运用所学知识创造性地解决实际社会与生活问题的能力，而项目式学习恰恰能够解决这一问题。培训后，老师们主动地交流、讨论，为下一步的实施扫清障碍。

二是尝试实施。两周后，我们初步确定了五个项目，老师们一起学习、一起思考、一起实践。在项目式学习的过程中，学习者积极地收集信息、获取知识、探讨方案，以此解决具有现实意义的问题。对于二年级的孩子来说，这个春天是从课本走出来的。翻开部编版二年级下册语文书，第一课古诗二首《村居》《咏柳》，都是描写春天的古诗，可是，春天在哪里呢？阳历二月底还未出农历正月呢……七八岁的孩子，灵动可爱，好奇心如何满足？学习兴趣如何激发？如何引导他们从生活中学习知识，培养观察、感知能力，品味传统文化的魅力呢？项目式学习要解决的生活中有价值的真实问题哪里去找呢？诸多的问题，在田平老师那里被重新梳理，于是《春天在哪里》项目正式诞生。历经两个多月的实践，在 5 月份的阶段性汇报活动中，得到专家的肯定。学生的语言表达、歌曲演唱、绘画制作、古诗积累……多种形式的产品应运而生。学生发现问题、解决问题，自主思考、小组探究，分工合作、有效沟通……多种能力得到培养。

三是实施效果。此项目为更多的老师开阔了思路，为接下来的工作起到了助推作用。《年历背后有哪些奥秘?》《作为中国冬奥会宣传员，如何制作一份体现中国特色的台历?》《小小园艺师》等项目先后顺利推进。本学期，我们充分利用学校的体验区资源，继续做实项目式学习。因为我们坚信在这个从"知识核心时代"走向"核心素养时代"的进程中，项目式学习必将发挥很大的作用。

以优势放大策略为例：发挥原有课程优势，在进一步打造品牌的过程中带动辐射其他课程的发展。比如：优势学科课程数学，自 2014 年成立数学核心组研究团队，以体验式学习方式研究为主题，采取集体备课、反复研磨改进、专家陪伴指导的方式开展研究，推动学习方式的变革。两年来，研修团队进行了数学实践课程研发和实施。已形成"456"数学综合实践活动课程体系。六大主题贯通一至六年级，各小主题与关键能力相对接。

在不断实践中，"文化——目标——课程——教学——评价"五位一体的基于学校文化的课程建设模式，成为我们的实践路径。课程育人是一项系统工程。让每一个孩子全面而有个性的发展是我们的目标！我校也曾荣获北京市课改先进集体、北京市教科研工作先进单位、北京市课程建设示范学校。

4. "生态厚实，活力共生"的课堂文化，成为落位课程的载体

我校追求的课堂文化是"生态厚实，活力共生"，其内涵是以"行于实、方乃成"为价值引领，以尊重、唤醒、激励生命为理念，遵循"生态系统、动态平衡"规律，在双主体互动中，让课堂成为学生自己的课堂，课堂突出体验性、探究性、生成性。为形成课堂文化我们做了很多努力。

（1）标准引领。

我们根据《房山区课堂教学改进意见》，以学校课堂文化为引领，制定了我校课堂评价标准。标准明确"3155"内涵要素，即三实、一放、五学、五会。

三实	教风朴实、训练扎实、容量厚实
一放	师生互动、思维绽放
五学	全学、乐学、真学、会学、学会
五会	会倾听、会思考、会表达、会合作、会分享

（2）研究促进。

一是单元整体，让课堂真正厚实。探索让课堂厚实起来的策略，引领教师梳理知识系统，站在一个单元的高度，进行单元整体设计。实现目标整体制定，活动整体安排，学法整体规划，训练整体设计。

二是问题导学，让课堂走向生态。为了真正让学生成为学习的主人，让课堂真正形成良性生态系统，从2015年我们开始致力教学方式变革的研究，探索"体验、合作、分享"课堂教学模式。我们还立项了《基于核心素养的问题引领数学教学策略研究》，率先以数学学科的探索，撬动各学科课堂教学方式的变革，使课堂走向生态。我们的生态课堂体现在：问题生态，做到问题源于现实，问题源于学生。例如数学学科首先探索利用主题图质疑策略，其基本操作程序是：第一步，自主观察提出问题——小组合作问题分类——课上交流问题类别；第二步，探索基于真实情境自主设计开放问题策略。过程生态，基本课堂流程是：激发前认知——制造认知冲突——重构新认知——引发新问题。另外，关注课堂生成是生态课堂的重要体现，课堂上，教师能够迅速捕捉学生学习中生成的新问题，将生成问题作为学习资源，进行深入探索，使过程更加真实，更有深度、厚度。一个老师曾经这样说，原来课堂总怕学生出问题，现在总想发现新问题，解决生成的问题才能让课堂更加精彩，让课堂呈现动态平衡。

三是互动分享，让课堂更有活力。经过几年的实践，孩子们也适应了学习方式的变革，学会了合作分享。课堂上能主动分享自己学习成果，互动质疑，提出不同见解，教师适时适度给予引导。活力共生的课堂文化逐渐形成。我们的活力课堂体现在：生生对话。课堂上在合作学习后，老师主动退后，让孩子成为中心发言人。基本展现程序是：小组代表发言——同组成员补充——异组提出质疑——发言组解释质疑……通过这样的循环，学生把握了学习的主动权，学生之间通过思维碰撞，使问题得以解决。师生对话。师生对话通常在问题的生成处，在生生对话的关键处，在归纳总结处。师生对话，起到推波助澜、画龙点睛的作用。

（3）品牌追求。

我校的"行实杯"课堂评优活动已开展了近10年，每年都会采取不同形式开展，评优活动有力地促进了教师参与课堂教学改革的热情。"行实杯"成为我校课堂教学的一张名片，也成为课堂文化形成的重要载体。

一是常态评优，实在日常。为引领教师重视常态课堂质量，把基本功练在日常，我们曾进行常态课评优活动。即提前两天告知参赛教师讲课内容，并且在异校讲课，参赛教师几乎是在一天之内把教学设计、教学资源都要准备到位。这样比赛的目的是检验教师日常理解教材、把握教材的基本功，以及随机处理问题、灵活驾驭课堂的能力。教师要想参赛取得好成绩，就要在常态课中提高自己。

二是团队作战，行中提高。近两年，我们围绕房山区两个"意见"的落实，开展了"团队课堂评优"活动。即教研组围绕一个主题，一人讲课，一人说课，人人评课。通过这样的评优形式有效调动每位教师的积极性。课前，教研组一起查阅资料，一起听试讲，一起研磨，反复修改；评优活动中，大家积极配合，力争最优效果。虽然只是一节课，但是提高的是每一个人。

三是专家引领，品牌更靓。每次评优活动，我们都会把进校教研员请来，作为专家进行点评。每次专家都会给教师提出有价值的意见，让教师跟上课堂教学改革的步伐。专家的引领使我们的课堂走得更实，行得更远。

5. "尚德求实，教学共进"的教师文化，助力专业发展

（1）教师成长学校，提升教师综合素养。

2017年7月，我校成立了行实教师成长学校，构建教师种子成长课程。制定了《北京工商大学附属小学行实教师种子成长课程暨教师学校实施方案》，多种形式培训教师。

一是做好方案，搭建平台，努力培养好老师。我校制定了《北京工商大学附属小学行实教师种子成长课程暨教师学校实施方案》，多种形式培训教师。我校与湖北省房县天明小学、河北省邢台、涞水县三个中心校、雄安米家务中心校、北京一师附小等学校成为手拉手学校，相互听课、学习，2017年12月，我校孙立军和任国芳两位老师到涞水为全县数学教师做观摩课和讲座，受到好评。与我区窦店、闫村两所中心校建立发展共同体，打造培训的合作共享平台，促进教师专业发展。

二是依托班主任工作室，抓好班主任队伍建设。第一，立足实际，科学定位行于"实"。工作室以"工作研究化、研究工作化"为理念，坚持落实"三个工程"和"三个目标"，即工作室每学期确定一个研究主题贯穿日常、每学期举办一次校本培训、每月组织一次工作室活动；班主任工作室建设有目标、班主任专业发展有目标、班主任个人成长有目标（人格—合格—优格—风格）。第二，夯实管理，规范引领行于"实"。遵循"走小步，不停步"的战略，依托明职责，提要求、抓意识，教方法、树样子，促反思的培养策略，通过规范的管理，提升班主任"六大专业能力素养"：班级建设能力、指导个体发展能力、课程育人能力、家校共育协同能力、心理健康教育能力、网络媒介育人能力。一是夯实教研活动，立足明职责、提要求。坚持小型化、日常化教研，开展年级联席教研。每月一次班主任专题研究时间。二是交流分享，树立榜样。工作室依托周一教职工会的黄金时间开展"说说我身边的四有好老师""为你点赞""骨干班主任教育案例分享""听老教师讲那过去的故事"系列活动，通过工作例会进行阶段性班主任工作诊断反馈，充分利用校园网站、班主任工作大会等媒介推广优秀班主任的工作经验及方法。三是及时总结反思。某项工作结束后，学校会及时从班主任工作科学与艺术角度帮助他们总结工作方法，提炼、分享工作经验。如，班级家长会结束后，工作室会以"为班级家长会点'赞'"为题进行家长会经验分享。班级文化建设评比后，学校安排全体班主任走进最佳班级，看环境，听学生讲解，树榜样，促反思。四是过程性评价促进班级管理水平提升。开展"六比六看"活动，课间纪律、环境卫生、路队情况等常规管理，做到天天有检查、周周有反馈、月月有评比。五是常规工作促进专业成长。"一周一班一展示"激发班级活力。丰富了原有班级体验周的内容，在有班级全程参与升旗仪式基础上，通过班级风采展示、学生作品展示等形式在升旗仪式、校园广播、校园展板、学校电子屏、官微等多种途径全方位展示班级风采与特色，为每个学生的个性张扬搭建平台。活动邀请家长参与，每周都有家长走进校园，家长开放日也走向常态化。校园内每一周都有班级成为主角。据统计，本学年参与展示的班级已有 56 个班次，参与展出学生作品逾千幅，参与家长

500 余人次，官微推送专题文章 42 篇。这些数字背后，是我们每个都在努力，为孩子们搭建展示自我的舞台。在此项活动过程中班主任们编辑美篇、制作展板、排练展示内容……让班级更加凝聚，家校关系更加密切，班主任的宣传意识、家校沟通能力、活动组织能力得到了充分锻炼和提升。

（2）优化核心团队建设，促进教师专业发展。

成立数学核心组。我校于 2014 年成立数学核心组。五年来，以体验式学习方式研究为主题，采取集体备课、反复研磨改进、专家陪伴指导的方式开展研究，推动学习方式的变革。近两年，研修团队进行了数学实践课程研发和实施，已形成"456"数学综合实践活动课程体系。六大主题贯通一至六年级，各小主题与关键能力对接。

成立金帆书画院工作坊。2017 年 12 月我校被评为北京市金帆书画院。学校依托"种子成长"系列美术书法类艺术课程，包括创意纸造型、魅力衍纸、典雅中国画、神秘缠绕画、可爱动漫、软硬笔书法六个社团，学生们的作品多次荣获市区级奖项，曾受邀参加北京市炎黄艺术馆艺术作品展、北京市传统文化传承第四届"鱼悦生活"鱼文化作品展、房山区传统文化成果展。2018 年 10 月 14 日，学校在良乡体育馆为孩子们举办了"童心逐梦 艺术生活"学生作品展，受到了家长和师生的欢迎，金帆书画院的小团员们，在交流艺术技能中，提升艺术素养，分享成长与快乐，同时，也为校园丰富多彩的生活增添了生机与活力。

成立班主任核心团队。在迟希新班主任工作室的基础上，13 位老师自主申报成立班主任核心组。核心团队通过化简为零的方式，将大任务分解、远目标细化，从小处着手，无负担但有目的地让年轻老师逐渐历练，促进教师专业成长。2018 年 9 月 14 日至 15 日，我校承办了第二届全国乡村班主任发展研究论坛活动，14 位来自全国各地的专家学者和来自全国13 个省市近 200 名代表齐聚附小，就乡村班主任发展研究这一话题交流探讨、分享经验。我校针对三年来迟希新班主任工作室的研究成果进行典型发言，优秀班主任代表就班级管理工作做大会交流。

6. "求真向善，求实达成"的学生文化，塑学生良好品行

学校从立人、做事两个层面，构建"求真向善，求实达成"的学生文化。依托德育课程、德育活动、班级文化建设和种子评价体系为载体，培养附小行实少年。

（1）夯实常规促养成。

"求真向善，求实达成"是评价附小行实少年的标准，三年来，学校通过"123"活动着力培养学生的行为习惯，夯实常规养成。"1"是扎实开展入学教育，从一年级打牢养成教育基础。"2"是两类德育课程：行实习惯培养课程和行实品质涵养课程，通过这两类课程在日常教学和班级管理过程中正学生规范、养学生品行。"3"是三项标准，通过《北工商附小"种子成长"评价标准》《北工商附小"行实少年"养成细则暨"四姿五会"标准》《北工商附小"六比六看"行为标准》切实促进学生基础素养的形成，做到统一要求，统一标准，统一评价。

以"种子成长评价"为例。三年来，我们依据学校育人目标、学生核心素养内容，形成了附小"种子成长评价体系"，从身心健康、德行养成、学科素养、实践能力和特长爱好五个领域进行评价，评选十项内容的"行实小种子"，即守纪小种子、文明小种子、友爱小种子、环保小种子、学习小种子、读书小种子、体育小种子、艺术小种子、劳动小种子、进步小种子。评选过程与各学科、各班级日常评价相结合，关注学生日常的进步和发展，以随机评价和跟踪评价方式随时进行，每月末进行一次总评。各学科、各教师结合日常评价制定"种子印"兑换数量及方式。每领域获得10个"种子印"可兑换一支"种子笔"。期末总评，评选"行实小种子"。促进小种子全面而有个性地发展。学校和班级对获得"行实小种子"称号的同学颁发种子徽章和奖状，学期末参与学校的"行实少年"评选。

这学期，在这个基础上，我们又重新梳理了德育监测点，从入校开始梳理了一日常规，进一步规范了学生的行为，强化规范的养成。从课堂到课间、从学校到社区、从班级到家庭，全方位评价学生的学习生活，让学生良好的行为习惯养成在校内校外，延伸到家庭、社会。

（2）品牌活动养品行。

三年来，学校坚持开展各项品牌活动，为学生的全面发展搭建展示的平台，全校参与"一周一班一展示、一周一团一汇报、一周一人一才艺"的活动，培养行实少年综合素养的提升。

三年来，社团500多名孩子站在市区"艺术、体育、科技"的大赛舞台上，800多人次参与各类比赛获奖，打击乐团荣获PAS·中国国际打击乐艺术节银奖、"科学世界杯"中小学生科学素养大赛示范基地校。在第十届国际发明展览会上，一种可拆解吉他话筒架荣获"发明创业奖·项目奖"银奖。还有2018北京市校园足球文化节优秀展演奖、北京市第十二届学生艺术节银奖、2018北京市小学跳绳精英赛二等奖、北京市中小学植物栽培大赛优秀组织奖、第十二届全国青少年五好小公民主题教育读书征文活动示范学校等各项荣誉。在房山区中小学艺术节、房山区运动会等比赛中更是屡获佳绩。2018年10月14日，学校举办了"鼓韵传承行实路童心逐梦新征程"建校40周年暨蒲公英中国鼓社团成立3周年汇报演出，2 300余人参加了此次活动。2019年7月，社团的孩子们受邀奔赴加拿大参加2019年加拿大国际青少年艺术节，五个社团节目全部获得金奖。三年中，越来越多的人见证了附小行实少年的风采。

连续三年，我校有近百人参加房山区学生个人才艺大赛，50%获得一等奖。2017年5月18日，学校举行了"用心走在行实路上"主题活动暨"小种子的梦"课程建设阶段汇报。北京市教育学会、《中国教育学刊》杂志社、中国教科院、北京教育学院、北京工商大学、房山区委教工委、房山区教委、房山区教师进修学校、房山区少年宫、西潞街道办事处、雄安新区友好学校、河北邢台柏乡校长代表、共同体校长、教师代表及我区兄弟学校领导、教师代表、家长代表500多人参加了此次活动。每一个充满梦想的小种子身后都站着一名关心教育的好家长，2018年1月26日，学校举办了北工商附小首届感动附小好家长颁奖典礼，北京市教委体卫艺处、北京市高校支持中小学发展项目组、北京工商大学、房山区教委、房山区人民政府督导室、房山区少年宫、房山区西潞街道办事处、家长代表、老教师代表、教职工家属代表、附小全体教职工及部分学生近 2 000人参加了此次活动。此次活动受到了各级领导、家长、朋友们的关注，除现场观众外，还有近 6 万人通过网络观看了直播。

为进一步促进家校合作，构建学校、家庭、社会三位一体的教育体系，形成教育合力，实现全方位的育人目标。本学期，我校启动了"驻校观察员"家长志愿者进校园活动。以班级家委会为单位，招募"驻校观察员"家长志愿者，每天四位家长走进学校，参与学校各项活动，管理学校课间纪律，维护上学、放学学校门口秩序，保卫学生安全，走进班级听课，等等，每天都是校园开放日，让家长们充分了解学校工作，参与到学校的管理中，多提宝贵建议，促进学校的发展，助力学生健康成长和良好品行的形成，也成为校园内一道美丽而温暖的风景线。

（3）主题教育润心灵。

在庆祝新中国成立 70 周年之际，我校在学生中开展爱国主义教育系列活动。如：人人上好思政课活动，三校区干部、教师全员参与，共有185 节思政课分段开展，共有 2 800 余名学生从不同角度受到爱国主义教育，让爱国情、强国志、报国行扎根在学生心中。还开展了"我与国旗同框"，记录了学生与国旗在一起的骄傲。"童心向党 逐梦未来"校园红色艺术节唱红歌活动也广受欢迎。此外，孩子们在仪式教育活动、十大节日活动、劳动教育活动等活动中浸润心灵，强素质，长才干。

（4）班级建设练本领。

班级是学校的小单元，每天，学生都是在班级中进行学习活动，只有将文化扎根班级，才能真正落位于学生身上，才能真正内化于心，外化于行，才能真正让学校文化成为看得见的风景。班级文化建设是培养学生核心素养的主要载体，年级不同，班级学生不同，落位文化的着力点不同，所以行实文化在班级中的呈现应该是以行于实，方乃成为核心，瞄准"让每一颗种子朝气蓬勃地生长"的育人目标，在管理、学生、课程、课堂、环境等文化创建中各美其美，美美与共。各班都有特色文化，包括班级名片设计场、班级管理体验场、班级社团活动场、班级爱心体验场、自主成长体验场、分享展示体验场六个板块。学生在班级生活场域中培育核心素养。

一是人人参与班级文化设计。本学期，我们班级文化建设的一项重点活动就是：起班名、绘班徽、唱班歌活动。要能够体现育人目标：让每一颗种子朝气蓬勃地生长。老师、学生、家长齐参与，设计的过程，也是班级人心凝聚、明确目标、文化认同的过程。这当中有许多感人的故事。我们的班名有小松树班、葵花班、蒲公英班、太阳花班、四叶草班等等。太平庄校区一年级（4）班邓晶晶老师将班徽印在棒棒糖上，六一儿童节，班里每一位孩子都收到了一份特殊而有意义的礼物。我们也有自己的班歌，此外，要求各班师生集体制定班级公约，形成有班级特点的制度文化。

二是人人动手布置管理班级。各班教室里的壁报、楼道的墙壁，是学生自主成长体验区。满眼都是孩子们的影子，孩子们写的儿童诗、小课题研究报告、绘画书法作品，写着名字的花花草草，以及小组和个人的评价。没有好与不好的等级评判，我们要做的是让每一颗种子都能有信心，陪伴他们长大，在经历中体验、收获。人人都是管理员。每个孩子都有班级管理体验岗：多媒体播放员、眼操检查员、卫生保洁员（窗台、黑板、柜子等）、小胖墩监督员、作业收发员，每个孩子都参与到班级管理中，让孩子们体会到在集体中我很重要，我为大家做事很重要，在为集体做贡献的过程中，增强集体责任感、归属感和荣誉感。

三是人人参加班级社团活动。班级是学校教育和管理的基本单位，班级组织文化的建设同样对整个班级的价值取向、行为导向、思想导向起着重要的作用，甚至对学校组织文化的发展也起到优化作用。在我校的各个班级中就活跃着各种各样的组织，它们无时无刻不在丰富着班级的生活。如小松树诗社、爱心社、摄影社、视频编辑社、小主持社团等等。太平庄校区书香三班，成立读书社团和书法社团已经两年了。读书、写字成了班级生活的常态，人人爱读书、人人擅书法，孩子们在书籍和墨香的浸润下散发蓬勃生机。每个个体在参与班级生活的过程中通过"微型组织生活"

让个性得以绽放，成为更好的自己。

四是人人讲解班级文化。班级文化更像是一种无形的教育课程，具有一种无形的教育力量，推动班级向前发展。班级成立了蒲公英班级小导游社团，敞开班级大门，为同学、老师、来宾、家长们讲解班级文化，让大家了解班级文化，感受行实文化在菁菁校园中生根发芽，是行实小种子们最喜欢做的事情。围绕学校文化顶层设计，各班按照不同的教室设施功能、班级展示区域内容的区别将班级文化讲解内容细化，在班主任的指导下提倡人人参与班级文化建设，赋予班级自下而上的发展动力，让同学们讲好班级故事，传递班级正能量。各班开展了"我是班级小主人""大声说出班级故事"等活动，各班班级讲解员小岗位由全班学生轮流担任主讲。开朗、大方、善谈的校园小讲解员们已成为北工商附小一道亮丽的风景线。在学校和班级活动中把学校文化和班级文化传递给来宾和伙伴。在表达的过程中实现文化的理解和认同、实现文化的影响和人心的凝聚。

五是人人践行班级精神。班级精神是班级文化的灵魂。经过长期的教育实践，各班通过梳理逐渐形成了代表本班成员共性和主要习惯、能力、要求等特征的班级文化共识，小种子们在各具特色的班级文化中浸润、成长，践行班级精神，"积极向上，团结进取"的葵花四班、"迎风启航、蓬勃向上"的扬帆四班、"温暖、快乐、热情、积极"的阳光五班、"团结一心、快乐成长"的蒲公英三班、"朴实、健康、乐观、向上"的土豆一班、"不惧困难、坚韧不拔"的缝纫鸟班、"坚强独立、迎难而上"的太平庄校区春笋二班，各具特色的班级精神引领行实少年健康、快乐成长，一颗颗蓬勃生机、充满希望的小种子活跃在北工商附小的校园中。班级精神的确立体现了班级智慧，凝聚了班级士气，明确了班级成员成长目标，更成为班集体前进的精神动力。学校开展的"行实班级建设"系列活动也为人人参与班级建设提供了可能。只有通过多种途径切实让成员参与其中，才能形成真正的班级文化。通过班级环境文化、制度文化、精神文化、活动文化等打造班班有特色、班班有亮点的行实班级。

六是人人上台参加展示。学校转变工作思路，将各项工作聚焦常态。

本学期在三所校区同时开展了"一周一班一展示"活动，通过自主报名的形式参与，将班级展示常态化，将每一个有特色有个性的班级风采展现在全校同学面前。展示时间为一周，参与展示活动有：升旗仪式、学生作品展示、校园广播、校园值岗。这一周，学校通过官微、电子屏全方位展示班级风采与特色。活动邀请家长全程参与，每周都有家长走进校园，家长开放日也走向常态化。通过班级展示，校园内每一周都有班级成为主角。据统计，本学年自主参与展示的班级已有56个班次，参与展出学生作品逾千幅，官微推送专题文章42篇。这些数字背后，是我们每个人都在努力，为孩子们展示自我搭建的舞台。在此基础上，为发展学生个人兴趣特长，培养小种子阳光、自信的品质，开展"一周一生一才艺"活动，学生自愿报名，"海报"社团提前一周发布专题海报，每周五早晨一名学生进行个人才艺专场展示，全校师生自由观看。"段夕昀手风琴独奏专场""孙睿独唱专场""李岚苗京剧专场""孙昱含个人书法展""个人绘画展"……小歌唱家、小演奏家、小书画家……一个个校园小明星成为北工商附小孩子们的榜样！经常有孩子驻足在丰富多彩的作品展示区，骄傲地看着自己的作品，看着伙伴的成长；看到他们聚集在门口电子屏前，津津乐道地分享着班级的故事；看到他们为了升旗仪式和班级展示一次次排练，认真坚定的样子；看到参与活动的家长代表在朋友圈、班级群分享激动的心情；看到校园官微发布的"行实·班级""行实·少年"专题推送被一次次转发、评论……点点滴滴记录着这所校园里的每一天，成长在随时随处发生。校园的每一天都充满生命力，在这片充满活力的场域中，为每一颗种子朝气蓬勃地生长提供无限可能。

七是人人参与种子评价。①全方位展示评价：通过一周一班一展示、一周一团一汇报、一周一人一才艺、体育节、艺术节、读书节、阅读嘉年华、体育每月一赛以及校园广播、学校微信公众号、校园网科学种子专区、学生作品集等多种动静结合的方式，多层次、多途径搭建各种平台，让每一颗种子朝气蓬勃地生长。②坚持好日常评价：依据育人目标和学生核心素养，制定、实施"种子"课程评价体系，从身心健康（绿）、德行养成（红）、学科素养（橙）、实践能力（黄）和特长爱好（蓝）五个领域进行评价，以"六比六看""四姿两会"促进学生习惯养成、以课堂"五会"促进学业提升，制定北工商附小学生"六个一"的毕业标准：养成一种好品格，养成一种好习惯，会写一篇好文章，会写一手好字，会一项艺术技能，会一项体育技能。与各年级、各学科、各班级日常评价相结合，小评价随时进行，大评价每月进行一次，各月累计获得 10 颗"种子印"可获得一枚种子贴，集齐 5 枚种子贴且评价表完好无损可换取一粒种子，种子分为五种，每次可兑换一种，集齐五种可获得一枚"种子 logo"徽标，授予"行实少年"称号。评价表每学期一张，学期末放入学生成长记录袋。各班通过"每日明星""每周之星"等形式在班级文化建设中体现，以此促进小种子全面而有个性地发展。

时间 项目	月								
身心健康									体育教师
德行养成									班主任
学科素养									科任教师
实践能力									综合实践活动
兴趣特长									社团辅导教师

八是互助牵手，实现文化传承。我校每年的六年级与一年级都是互助年级。一年级的弟弟妹妹们是被六年级的哥哥姐姐牵手领进校门的，自那天开始，两个互助班就牵手了。六年级小荷一班和一年级小松树一班就是这样的互助友爱班。六年级的孩子们给弟弟妹妹们做值日、讲故事，还把自己写的诗和作文集《小荷心语》赠送给小松树一班。一年级的孩子们也学着六年级的样子成立自己的诗社，在刘老师的指导下，写出了他们的第一本作品集《小松树快长大》。小松树班报名参加了一周一班一展示活动，在升旗仪式上，将作品集赠送给了小荷一班的哥哥姐姐。每一个在场的师生都能够感受到爱的传递，文化的传承，行实精神的延续，有许多老师和孩子都泪眼蒙眬。

当您走进校园，能看到楼道里的照片墙布满了孩子们参与活动的笑脸，能利用的空间布满了来自学生社团的作品，教室外展示区记录着孩子们近日的收获，各楼层的活动间由孩子们种植的多肉植物装点，开放式阅读角由各班负责管理，行之园的小菜地由各班种植收获、电子班牌展示班级的多彩生活……校园的楼道、小院的命名我们向全体学生征集，在孩子们的几千条建议中看到了他们对校园的归属感和热爱。经过推选最终确定了现在的楼宇名称，大家在校园中看到的"行实讲堂""砺行楼""笃行园"也是书法社团的学生书写的，他们的作品将成为校园一道独特风景。

所有这些，都是行实文化精神的体现，日常工作中的每一节课、每一项工作根据学生的生活实际设计、开展，追求实际获得，这本身就是行实文化的体现。因为老师们将"行于实，方乃成"深深地烙在了心里，这种校园精神虽然看不见、摸不着，却影响和引导学校、老师和孩子们前行的方向。

一路走来，在学校文化落位班级的实践中，也带给我一些思考和感悟：一是全体干部教师的执行力和创新力是行实文化在班级落地生根的保障，让学校文化成为校园看得见的风景！二是班级文化建设的境界应该是让房子造人！我们常听说人造房子，而今天我要说让房子造人才是人造房子的目的。班级文化建设是否成功，不仅取决于它的布局、构造、色调、立意，更在于是否能够充分利用空间立体的形式，既彰显学校文化内在魅力，又塑造班级师生对学校文化的心理认同。实现文化育人的目标！三是班级才是学校中对学生成长影响最大最为持久的关键场域，班级文化建设具有不可替代的育人价值！

7. "灵动真实，自主体验"的环境文化，突显体验特色

学校尊重孩子的生命体验，将学校环境文化建设融于学生体验场中，融于学校的课程存在场中，处处彰显学生自主体验、自我发展的价值追求，灵动中真实，真实中灵动。因此，学校环境文化从学生认知基础、生活经验出发，创设情境，引导学生积极参与、身心投入，充分感受并获得体验，在体验中得到素质的真正发展，凸显儿童味儿，生活味儿，体验味

儿，主人味儿。

　　走在行实文化建设之路上，增强了团队成员的成就感和归属感，学校文化建设是一个长期培育和积淀的过程，只有起点，没有终点。为每一颗种子提供无限生长、充分体验的可能成为我和老师们不断追求的目标。筑梦路上，且行且思；行实路上，且歌且行！一路探索，一路实践；一路耕耘，一路收获。用心走在行实路上，我们将继续笃定前行。希望，每颗小种子在经历风雨中更加坚强，努力成为最好的自己！期待，心怀感恩，坚韧友善的行实小种子们会精彩地成长！我们会以"实"促成长，以"实"来求成效。我们坚信，行于实，方乃成！

第 三 章

管理·务实

学校管理是管理者通过学校机构和制度、一系列的手段和措施，充分利用校内外的显现的和隐形的教育资源和教育条件，优化和整合学校教育工作，实现学校的全员、全程和全方位的管理，构建全面目标体系，包括学校性质、培养目标、办学宗旨、办学理念、学生管理、教学管理、教职工管理和后勤管理等等，以有效实现学校工作目标的组织活动。而学校治理是多元主体参与的民主化管理，是多元主体参与的合作管理、共同管理、共同治理。包括：学校内部的治理，学校内部结构性治理，实质上是处理学校内部权力分配和支配问题；学校外部的治理，是外部功能性治理，是处理学校外部的资源配置与分配问题。学校管理强调既定目标的实现，关注决策的组织、计划、指挥、控制与协调；学校治理强调治理的过程，保障多元利益主体的利益均衡，规范权利与责任，注重责任体系的明确和决策指导的科学化。从学校管理走向学校治理，可以有效推进教育公平；通过广泛的社会参与，学校治理可以提高家长、社会认知能力，明确教育质量目标，达成共识；学校治理的民主性，会激发更多的教育智慧和教育活力；多元主体参与会提升学校教育水平，促进教师专业发展。

如何进行学校治理？要分权共治。一是要更新权力观，实现真民主。学校治理的真正实施，一定会挑战固有的权力观，一定会有固有的思维模式与新组织形式的碰撞。教代会、家委会等组织的真正参与，一定会有新的观点和不同认知。作为校长、作为学校管理者，要能够吸纳并接受正确的意见和建议，并积极运用在实际工作中，不能一言堂。更新权力观是分权共治的前提，真民主是学校治理的保证，要求干部教师必须用开放的胸怀去接纳不同。二是要完善好制度，实现真治理。完善集体决策，健全师生参与和家长委员会参与制度，才能够实现真治理。学校治理是一项对学校管理的全方位改变，必须整体考虑、统筹规划、分步实施。三是要文化引领。每个学校都有自己的文化，文化是多年积淀的，也是不断发展变化的。学校应该让制度形成文化，提高学校组织内部的整体制度执行能力。当我们的干部教师习惯了天天有家长参与学校的活动，教代会的老师习惯了观察学校，提出可行性建议的时候，就形成了自觉、自愿的思想和行为。当文化形成的时候，就是学校治理最理想的状态。

一、建章立制，依法办学

学校制定章程，按照章程自主管理，是《教育法》的明确要求。《国家中长期教育改革和发展规划纲要（2010—2020 年)》再次强调"学校要建立完善符合法律规定、体现自身特色的学校章程和制度"。章程作为学校的基本法，凝聚了学校师生的集体智慧，彰显了学校的历史传统、办学理念、办学宗旨、办学特色及学校发展目标和战略，规范了校内各种关系，明晰了领导体制、组织结构、管理模式，规定了学校、教师和学生各自的权利和义务，从而向社会展示出学校的形象和品位。章程关注的是学校的基本问题，诸如：校长负责制、教职工代表大会、部门的职责与权力义务、重大问题决策、信息公开等；课程为核心的各项教育教学管理、招生、学生权利维护、教研组长（备课组长）选聘、校本课程的开发等；教职工的权利与义务、培训、待遇、绩效考核、表彰奖励、惩罚与救济等；家委会、社区的联系机制，与其他学校的交流机制，等等。好的章程应当具备以下特点：一是章程制定程序民主化、公开化；二是章程内容合法，表述规范；三是章程文本要素完备，通过制度创新构建和完善学校内部治理机制；四是章程有效实施的保障和监督机制建立健全。

2012 年 6 月，我在琉璃河中心校工作时，各完小设施设备等硬件建设都已达到市颁标准，在硬件均衡的前提下，加快实现软件的均衡发展，实现区教委提出的从外延质量到内涵效益的转变，这也是我们工作的目标。应该说发挥现代学校制度建设的作用，依据相关法律法规，让学校办学思想在制度中说话，让学校管理策略、工作重点、正确导向在制度中说话，是实现这一转变的有效载体。2014 年，学校在市区教委要求下，进行章程制定和实施工作。该工作给学校提供了一个良好的实施载体，成为促进学校内涵发展的一个抓手。

（一）校章制定要体现"三性"

在制定过程中，学校成立了以干部为主体的校章制定小组，充分体现了人人参与、民主管理的理念。制定过程经历了这样四个阶段：学习动员阶段、理性分析阶段、讨论拟定阶段、审议通过阶段。校章共分九章，71条。包括：总则、管理体制、教育教学、人事、总务后勤、安全、教职工、学生、附则。在制定校章的过程中我们有以下思考：

1. 站好高度：体现校章的引领性

校章的制定是遵循教育规律和管理规律的体现，它可以确定学校的办学理念、总体定位和奋斗目标，是一张有据可依的规划图，引领学校持续发展，是办学的依据，学校文化这一最核心的精神，要在校章中充分体现与明确。通过我们的系统思考，将"三 yue"文化写进了校章。

我校的 1 + 4 管理模式和八个统一、走动式管理策略的阐述，进一步凝练了办学理念和"三 yue"文化的内涵。办学理念：让师生享受阳光一样灿烂的教育。办学目标：四个面向。特色文化："三 yue（悦、阅、越）"文化。核心价值观：yue 人 yue 己（理解：悦人悦己，欣赏别人进而悦纳自己；阅人阅己，学习他人进而完善自己；越人越己，树立目标进而超越自己）。

在学校各项工作中践行"三 yue"，努力形成我校的特色文化和个性魅力。

在校章的"教育管理第一节""教学管理第二节"中明确提出构建"三 yue 课程""三 yue 课堂"的要求。由此深入推进课程改革，全面提升教学质量。校章的内容体现了"三 yue"文化体系构建的基本组成部分，也成为文化建设有效实施的保障。

2. 把握尺度：体现校章的连续性

任何制度的制定和使用都不可能一成不变，随着时代的发展，需要学校以原有的制度为基础，不断修订、完善，使其更好地在学校管理中发挥作用。我校一直以"一盘棋"的思路管理学校，得到大家认可，在本次校章修订中，经过讨论，学校将"一盘棋"的管理思路细化为"八个统一"的管理策略（统一规划、统一制度、统一培训、统一教研、统一调配、统一考核、统一表彰、统一"文化"）写进本次修订的校章中。将以往的"跨校兼课"改为"跨校上课"，一字之差更加强调了老师的责任和两校的管理。这既是以前期工作为基础，又体现了制度的连续性。

3. **选对角度：体现校章的操作性**

在校章的第二十五条中写道：学校注重教师校本教研能力培养，努力构建以专业引领为保障，以解决问题为载体，以合作研究为支撑，以课例研究为形式，以"六部曲"为流程的校本研究的模式。注重提升教师科学研究能力，做到教研与科研相结合，有序开展课题研究，扎实有效地抓好研究的全过程。这就把我校校本教研的目的、形式、流程阐述得非常清楚，使得干部教师能够遵照章程有效实施。

（二）实施校章要促进学校内涵发展

好的规章制度还需要很好地执行落实，才能够发挥规章制度本身应有的作用。在实施校章的过程中，我校立足校情，瞄准内涵，促进发展。

1. **以制度建设规范学校管理**

"没有规矩，不成方圆"，高效的管理离不开科学合理的制度。

（1）以制度规范干部管理。

为了提高干部团队的管理水平，依据校章我校修订了《琉璃河中心校干部管理制度》，强化"走动式"的管理，提高管理实效。规定：一是"走动"。每周做到"4个走进，2个问题"，即走进完小，课堂，教师，学生，发现一个真问题，想到一个解决问题的办法。二是"捆绑"。中心校干部包校，与一所完小捆绑式发展。三是"参与"。我校加强干部主打学科建设，做到：参与主打学科课堂评价、教研活动、质量监控、质量分析。四是"任课"，严格执行干部任课制度。用制度促使干部深入教学第一线，促进了干部、教师平等交流，提高管理的针对性与实效性，实现管理方式的转变。

（2）以制度规范教学管理。

教学行为的转变依赖于规范制度的建立。学校以区教委文件为指导，重新制定了《琉璃河中心校作业管理制度》《琉璃河中心校"减负"监督管理制度》等。在严格控制作业量的同时，开展分层作业、主题实践性作业研究，创新作业形式，提高作业实效。《科学学科主题实践项目实施方案》规定：根据本年级研究主题，学生广泛收集资料，进行分类整理，用多种形式（文章、诗歌、图画、剪纸、折纸等）呈现在作业纸上，对作品进行展示评价。科学的制度保证了"减负"这项工作深入落实。

2. 以制度建设促进均衡发展

在学校管理中，我们清楚地认识到，学校内部的一些不均衡现象已经成为阻碍学校发展的瓶颈，要想让学校的办学水平向纵深发展，制度建设是突破瓶颈的有力措施。

根据专任教师不足的现状，校章中规定：实施跨校上课，开齐、开足、上好每一门课程，让每一个孩子全面而有个性地发展。根据多年的经验，我校完善了《琉璃河中心校跨校上课管理办法》，进一步规定了跨校上课教师的管理、工作量、待遇等细节问题，有效解决了师资不均衡的问题。

《琉璃河中心校完小优秀团队评价制度》的实施促进了完小自主管理，有效促进各完小均衡而有个性地发展。评价模式分为随机和定期，日常随机在校的情况记入平时成绩，每学期末进行一次全面工作评价，从课堂、学生活动、环境、档案、问卷等多个方面进行评价。2021年，我们还增加了干部与完小班子成员（主任、教研组长、后勤工会组长、大队辅导员）互动问询环节，检验完小班子的工作实效、团队合作，也让每一名干部能够抱着学习的态度思考问题，在互动中取长补短，共同提高，达到共同发展的目的。学期评价成绩分一、二等奖，按照人均50元的差距在二月份月考核奖中兑现，学年评价成绩在年度绩效工资完小优秀团队奖中体现（一等400元/人，二等350元/人）。干部教师们觉得，不在于钱多钱少，而在于大家对工作的认可。几年来，通过完小团队评价工作，完小间的差距缩小，管理更加规范，实现均衡发展的同时促进了个性成长。仅在校本课程方面，祖村小学的空竹、剪纸活动，全校师生都有参与，并在房山区展示活动中受到好评；兴礼小学的小种植、轮滑队、电子报刊活动有模有样；三街小学的扇子舞、口风琴活动，立教小学的小篮球、合唱活动，各具特色。围绕促进学生发展的核心，各校教师进行思考实践。完小团队评价工作的开展，在各完小之间搭建了交流与展示的平台，为实现各完小同步发展、校校精彩的均衡发展目标起到了推动作用。

3. 以制度建设提高教育质量

通过制度建设、科学管理，提高教师的专业水平，作用于每一名学生，进而实现提高教育质量的目的。

（1）强化校本教研制度。

针对传统教研缺乏主题聚焦，缺乏行为改进的弊端，我校制定了《琉璃河中心校关于加强教研组织建设的意见》《校本课例六环节研究制度》《网上教研制度》等。形成了以解决问题为载体，以合作研究为支撑，以课例研究为形式，以"六部曲"为流程的校本研究的模式，即调研定题、教材对比、理论支撑、课堂实践、课后研讨、改进提升。

两年的校本课例研究，由于有科学的制度做保障，教研更加规范，转变了教与学的方式，研读教材、研究学生不再只是纸上谈兵，课堂发生了显著的变化。2013年3月我校作为校本课例研究示范学校，在"房山区小学数学学科校本课例研究基地校建设总结表彰会"上进行了"主题确定、文献整理"环节展示，并做《课例研究 促教师成长》典型发言，受到与会专家、领导一致好评。

（2）优化教学过程。

基于学生的现实发展水平，落实"三yue"课堂教学模式，落实"让每一个孩子全面而又个性地发展"的办学目标，我校把落实"探究交流，人人参与"环节作为优化教学过程的重点，在观摩学习、研讨交流、统一思想的基础上，制定《琉璃河中心校落位课堂"探究交流"学习方式实施意见》，明确了"教师如何有效指导学生探究学习、合作学习"的研究主题，提出了一"减少"、两"关注"的教学要求。经历了全校动员、分校实施、督促检查、初见效果的过程。由中心小学拓展到完小，由数学学科拓展到所有学科。课堂上学生们积极地探究、合作、质疑、表达，孩子们的变化印证了制度实施的有效。

（3）规范考核评价。

建立科学合理的教学质量评价制度，引领教师专业发展。我校结合学校的实际对《教师教学质量全程评价实施方案》进行了修改和完善。课堂教学评价所占的权重增加到 80%，用制度引领教师关注日常课堂教学，自觉进行"教"与"学"方式的变革，向四十分钟要质量。实现从关注结果到关注知识的获取过程与方法，从关注学生的考试成绩到关注学生后续发展的转变，引领教师争做研究型教师。

建立科学合理评优评先制度，激励教师发展。《琉璃河中心校各类评优评先办法》，使每一奖项都有章可循，公正公开。学年末，评选"三 yue 教师"，既评价教学，又评价教研、科研、工作表现等方面，每名教师都有获奖的机会，形成人人争先的良好风尚。期末举行"悦享琉小故事，感悟幸福人生"总结表彰会，教师们得到的不只是荣誉称号和奖状，而是个人劳动获得认可的满足，更是一种自信，一种乐观向上、积极进取的工作状态。

学校章程建设的过程既是学习、理解、内化相关法律、法规的过程，也是对学校现有各项制度的反思、提炼、重构的过程，更是对学校重大办学和管理问题的顶层设计与思考的过程。学校可以以章程为依托，自觉完善学校内部各项规章制度和管理体制，提炼和升华学校的办学和管理特色，建立自我约束与自主发展的运行机制，逐渐形成依章程办学的局面和体制，实现学校的内涵发展。

在推进校章实施的过程中，我们更加清醒地认识到：有要求 + 不落实 = 0；有落实 + 不考核 = 0；有考核 + 不反馈 = 0；有反馈 + 不改进 = 0。这是一项系统工程，遵循依据校章，要将学校现有的制度进行逐一梳理，还要将缺失的进行补充增加，在不断创新与重建中提升办学水平，促进学校发展。校章制定与实施是规范办学、民主管理、提高学校品质的有效载体。依托校章，执行落实各项制度是关键。如何不断提高干部教师的认识和执行力，做到分工明确、职责落位、考核评价体系科学、工作方法创新，需要我们不断探索。今后，我校将依托校章提高学校管理水平，提升学校文化品位，促进内涵发展，争取在不断探索中创新、在不断创新中超越。

二、科学管理，依标办学

2017 年发布的《义务教育学校管理标准》（以下简称《标准》）是教育部在2014 年《义务教育学校管理标准（试行)》的基础上，总结三年来各试点实施试行标准的实践经验，针对当前义务教育学校管理的新情况和新问题，对试行标准所做的修改和完善。新的管理标准保留了基本理念、基本内容和实施要求的总体框架，但对有关任务的内容和具体要求做了调整，体现出制度化构建与人文化实施的统一、现实性与前瞻性的统一、工具性价值与本体性价值的统一。我和干部教师们经历了从认识标准是什么、学习标准有什么，到研讨标准评什么，最后对照标准改什么的过程。

（一）认识与理解《标准》

1.《标准》的内在逻辑

"基本理念"是《标准》的主线与总纲，是对标准内涵的价值定位，集中体现了新时代对基础教育学校的期待。"育人为本、全面发展"是义务教育学校管理的根本任务和核心内容，指向自由而全面发展的人的培养；"促进公平、提高质量"是义务教育学校的基本价值取向，要办公平而有质量的义务教育；"和谐美丽、充满活力"是对义务教育学校深层次内涵发展的要求，要办有温度有活力的义务教育；"依法办学、科学治理"是义务教育学校管理的发展方向，要建设现代学校管理制度。

为落实上述四大理念，"基本内容"从6大方面、22项管理任务和88条具体内容全面而细致地确定了义务教育学校管理的要求和规范。其中，"保障学生平等权益""促进学生全面发展""引领教师专业进步"和"提升教育教学水平"对应"育人为本、全面发展"和"促进公平、提高质量"两大基本理念。"保障学生平等权益"是保证学生受教育起点公平和过程公平的有力举措；"促进学生全面发展"是新时代背景下社会对教育目标的要求和学生自身成长规律的统一；"引领教师专业进步"要求教师能够时时学习、处处反思；"提升教育教学水平"是义务教育学校的核心工作。"营造和谐美丽环境"对应"和谐美丽、充满活力"的基本理念，是对义务教育学校环境育人和内涵发展的具体要求；"建设现代学校制度"对应"依法办学、科学治理"的基本理念，是义务教育学校实现"依法办学、科学治理"的组成部分。

"基本理念"是价值引领，"基本内容"是内容阐释，"实施要求"是对《管理标准》如何使用的具体说明。《标准》的整体框架是由思想准备到具体事项再到实施要点组成的有机统一体。

2.《标准》的基本特点

一是坚持制度化构建与人文化实施的统一。《标准》一方面十分注重义务教育学校管理制度的构建，如"实行收费公示制度""严格执行学生考勤制度""建立健全学习帮扶制度""健全教师管理制度"等，强调依章办事；另一方面，《标准》又强调实施过程的因地制宜、分类指导，分步实施、逐步完善，以此来保持标准的柔性。《标准》既明确了义务教育学校管理的基本要求，又给各校留下了充分的自主管理和探索实践的空间，使其既成为义务教育学校管理的规范性依据，又不至于成为不符合学校实际情况的束缚性条款。制度化的硬性达标与人文化的柔性实施有机结合在一起。

二是坚持现实性与前瞻性的统一。在现实性方面，《标准》坚持问题导向，着眼于义务教育重难点问题的解决。例如，校园欺凌问题、教师师德师风下滑问题、教师工作负担重和职业倦怠问题、学生安全的家校纠纷问题。在前瞻性方面，《标准》坚持趋势导向，着眼未来发展，顺应新时代背景下义务教育的发展趋势，例如，关注教师信息化素养和应用能力，关注学生创新精神和实践能力培养，关注学生学习动机和学习效果的学习科学，关注家校合作的教育价值，等等。综观《标准》的88条，《标准》立足现实，放眼未来，既满足一线需求，又发挥引领作用，兼具现实性和前瞻性。

三是坚持工具性价值与本体性价值的统一。《标准》一方面比较关注那些禁止类、规定类的标准，这是标准底线；另一方面又提出了诸多倡导类的标准，为学校发展预留了空间。《标准》对于学校管理而言具有工具性价值，保障学校办学的有序开展；《管理标准》对于学生发展而言，又具有本体性价值，即《标准》的育人价值，《标准》不是为了管人，而是为人的发展所需创设各种支持条件。

3. 《标准》的核心价值

《标准》全面系统地梳理了我国义务教育学校管理的基本理念、基本内涵、基本框架和基本要求，是促进我国义务教育管理制度化、标准化、规范化的重要举措。《标准》的颁布有助于我国立德树人教育目标的实现和义务教育学校治理能力、体系现代化的形成。义务教育学校要基于自身特点与发展现状，对标研判、全面自查，创造性地将学校发展与落实《标准》融为一体，为《标准》贡献个性化的实践经验。

一是全面落实《标准》的育人价值。《标准》以"育人为本，全面发展"为核心要义，将管理作为切入点，注重文化育人、活动育人、实践育人、管理育人和协同育人；以充分均衡发展为努力方向，力求保障学生平等权益，做到入学公平、过程公平、结果公平，遵循教育规律和学生身心成长规律，调动家、校、社、学的积极性，促进学生认知能力、合作能力、创新能力、职业能力等四种关键能力充分发展。学校要将《标准》中公平、育人、发展、均衡、优质等先进治理理念贯彻在学校管理中。

二是有效落实《标准》的制度要求。《标准》将"建设现代学校制度"作为义务教育学校六大管理职责之一，并确定了"提升依法科学管理能力、建立健全民主管理制度、构建和谐的家庭、学校、社区合作关系"三大管理任务。具体表现为，《标准》吸纳党的十八大以来政府颁布的《中小学德育工作指南》、中小学党建、预防校园欺凌、家庭教育、研学旅行、心理健康教育、教育设备设施安全等有关义务教育学校管理的政策文件，着力推进学校收费公示制度、学生考勤制度、学习帮扶制度、教育公平制度、教师管理制度、教师培训制度、教学资源使用管理制度、学校安全卫生管理制度、校车安全管理制度、日常卫生保健制度、中小学校财务制度、学校法律顾问制度、家长委员会制度等常规制度建设，并强调德育工作机制、校园体育竞赛机制、师德建设长效机制、章程执行和监督机制、问题协商机制等机制建设，盘活义务教育学校现代化制度体系。学校需要基于已有的制度框架体系，与时俱进，及时更新，建立健全，服务于学校管理与教育教学发展的需要。

（二）《标准》让行动更有力量

1. 学习《标准》，统一认识

自 2018 年 3 月以来，通过市、区培训，校内学习研讨，明确了《标准》是学校工作的重要依据，更是落实党的十九大提出的"让每一个孩子享受公平而有质量教育"的有力载体，也是助推学校内涵品质提升的力量。

《标准》有宽度。从 6 大管理职责、22 项管理任务、88 条具体内容出发，全面详细地阐释了义务教育学校的工作标准要求。既有宏观，也有微观，涵盖方方面面，成为我们的管理依据。

《标准》有深度。每一条内容的表述，都是对学校管理工作的检验，并且延伸到管理工作的理念和细节。北师大专家在对我校进行调研的过程中，与老师、干部、学生有进行长达一个多小时的座谈，深度交流。我们的一言一行都是学校管理的呈现，是对校长汇报的每一个细节的印证，是对学校多年管理工作的深度检验和深刻总结。

《标准》有温度。突出育人为本，以管理为切入点，注重课程、文化、活动、实践、管理和协同育人，其落脚点在"育人为本，全面发展"上，特别强调要牢记初心，用习近平新时代中国特色社会主义思想统领立德树人工作。同时，强调均衡发展，强调学校和学生要充分发展。《标准》把孩子放在了正中央。

还记得三年前，我校接受国家义务教育均衡发展验收，接受对学校硬件的检阅，今天《义务教育管理标准》的出台和评价，无疑是对学校软件内涵建设的一次考量。如果说硬件建设可能在短期内见到效果，那么建设不可能一蹴而就，需要长期修炼，要的是内功。

2. 使用《标准》，自我评价

在学《标准》的基础上，我校全体干部分为教学、德育、安全总务、行政管理四个小组，将实际工作逐一与88条进行对照，找问题，明不足，照镜子，做体检。

我校总体的自我评价是：严格执行国家方针政策，围绕"立德树人"的根本任务，以文化引领学校发展，不断优化创新学校管理，完善制度机制建设，构建了种子成长课程，实施体验式课堂教学，开展多维度评价，营造适合师生生活、学习的校园环境，多举措促进教师专业发展，为每一个孩子创造无限生长、充分体验的可能，促进学生全面而有个性地发展，努力办人民满意的教育！

在有些方面我校还需依照《标准》进一步完善提升：反观我们的心理健康教育水平距离《标准》要求还有差距，还不能完全满足个别孩子的需求。加强种子成长课程建设，打造干部教师队伍，仍是我们今后工作的重点。

北师大专家入校调研对我们的肯定和鼓励，更让我们增强了信心，也看到了自己努力的方向，《标准》成了我们行动的力量！

3. 依照《标准》，促进管理

通过学习、对照、反思，我们对齐《标准》，补齐短板，提升管理水平，优化管理工作。首先做到真学习知行合一。《标准》中多次提到"让每个学生"和"面向全体学生"……自问：我们是否真的做到了顾及全体学生？《标准》中涉及《中小学班主任工作规定》《中小学校岗位安全工作指南》等多个文件，我们对这些文件是否了然于胸？真学、学透，目的是将《标准》落位于学校管理。其次是做到真落位用心管理。用心在每一处管理细节，用心在促进每一个师生的持续发展，我校将坚持向管理要绩效，坚持高站位决策、低重心运行、近距离服务的管理要求，坚持五级联动的校区管理。以《标准》为镜，用心做教育，做心中有人的教育！

学习《标准》的过程，是重新思考并自我审视学校管理的过程；对标自评的过程，是对学校工作、本岗位工作的自我体检的过程；研讨《标准》的过程，是自我提升、达成共识的过程。相信未来的迎检过程，在《标准》引领、专家指导、领导帮助和全体干部教师的共同努力下，一定是全面提升学校管理水平，促进学校内涵优质发展的过程！

（三）对标研判，反思管理

1. 管理理念

多年来，北京工商大学附属小学在学校管理中一直坚持贯穿一条主线和抓住一个关键。

贯穿一条主线，即文化浸润。学校文化是一所学校多年的积淀，是师生的自觉行为，也是不断发展变化的。我校与北工商大学合作办学后，重新思考我校文化体系。体验教育是学校特色，注重实践、参与、感悟。北京工商大学强调的是实干兴校，实业兴国。我们努力挖掘与北京工商大学共同的文化基因，在体验教育实践基础上，凝练出我们的办学理念：行于实，方乃成！梳理、凝练了学校文化理念，完善了顶层设计。学校文化体系的再次提升建构，让学校文化引领学校发展方面有了新的阶段，文化成为师生的自觉行为，真正地入脑入心入行。用文化引领学校工作，让文化融于学校工作，让各项工作夯实文化，努力为学生提供适合自己的多样化的成长路径，为儿童积攒面向未来、回报社会的力量。

抓住一个关键，即学校管理。学校管理是一所学校办好的关键，我校一直强调向管理要绩效。"服务于实，务实于行"是我们的管理文化、遵循"高站位决策、低重心运行、近距离服务"的管理宗旨，探索"1＋1＋1"的管理模式，实施"十个统一"管理策略，带动三校区共同发展。

学校更名之前的中心校管理模式是1＋n，突出中心小学对完小的示范、引领、辐射作用。我校地处城镇地区，学校办学规模不断扩大，学校更名之后，主动求变，开始对校区管理进行探索与实践：1＋1＋1。北工商附小形成"中心主导，校区主抓，部门主做"的校区管理思路，即中心校区横向主管责任制，分校区纵向分管负责制。形成五级联动管理体系：校级干部分校区——宏观管，中层干部分校区、分部门——专项管，教研组长分学科——跨校管，一线教师分班级——主动管，后勤人员全参与——协同管。

五级联动的管理体系，强化各层级的责任落实，横纵结合，有序推进。以"校级干部分校区——宏观管"为例，我校三位校级干部分别担任三所校区的党支部书记，分管三所校区的教育教学全面工作。他们每周必到分管校区工作一天，同时在分管校区兼课。校级干部通过"走进课堂、巡视安全、谈心谈话"等内容，了解校区一周常规工作，针对问题及时进行提示与强调。如遇到校区需要承担校级及以上的活动时，校级干部必须亲自入校指导，从活动策划开始，一直到活动结束的信息撰写，全部工作都由校级干部带领校区干部教师推进完成。2020年9月30日我校接到区教委的通知，由东沿村校区代表房山区小学迎接10月14日市督政检查。在十一假期中，校长亲自组织相关干部召开了迎接市政检查工作的部署会。从 10 月 7 日开始，分管校区的德育副校长便与东沿村校区干部一起进行准备工作。按照学校迎检的整体思路，从制定日程安排到东沿村各位干部的分工，从校区特色材料呈现到校园环境布置，校级干部在每个环节都进行参与、指导。督政当天，东沿村校区工作得到了市区领导们的高度认可与评价，圆满完成了此次迎接工作。校级干部"宏观管"的管理策略，既发挥了学校副校长们的引领作用，凸显了校级干部对各校区的深入指导，也为他们今后独立管理学校积淀经验，还让学校的中层干部能够在实际工作中学习校级干部的管理思路、管理方法和解决问题的方法，进而提升管理水平，促进干部尽快成长。与此同时，也更有利于落实学校整体工作思路，提升校区管理的标准，从而促进校区的优质均衡发展。

五级联动的管理体系，一方面促进了三个校区在教育管理标准、队伍建设、干部教师调配、资源配置、评价考核等方面"十个统一"管理策略的顺利实施，引领干部教师打破惯性思维，跳出校区的小圈子，形成了凝心聚力、步调一致的发展态势，树立了"我是附小人"的大局意识，真正实现从校区人到附小人的转变。另一方面，让干部教师的管理能力得到最大程度的历练与提升，进而助推了校区特色的发展，形成了把长项做长，让亮点更亮，各美其美，美美与共的校区发展局面。经过不断积淀，东沿村校区的劳动教育特色、太平庄校区的书法特色都已逐渐成熟，在区域内有了一定影响。

2. 探索实践

一是规范办学行为——执行政策，关注差异。我校严格执行北京市、房山区招生入学政策的相关规定，保障辖区内每一个适龄儿童入学。我校东沿村校区（固村校区）每年都会接受房山区和西潞街道招生办公室协调解决的外地务工随迁子女入学，做到免试入学，均衡编班。积极关注有特殊需求的学生。近些年，学校特殊学生数量呈上升趋势。学校努力为他们提供帮助，老师给予特殊关爱，保障每一个孩子享有受教育的权利。二是促进学生全面发展——做实一项工程："种子成长"课程。"种子成长"

课程是指基于学校"让每一颗种子朝气蓬勃地生长"的育人目标和课程目标，依据"种子成长"的需要及种子的精神、特性，从根基课程、磨砺课程、适性课程三个层面构建的适合"种子"全面而有个性成长的课程。三是加强教师管理和专业化建设——建好一所"学校"：教师成长学校。2017年7月，我校成立了行实教师成长学校，构建教师种子成长课程。教师学校以争当"四有教师"、做学生合格的"四个引路人"为目标，通过行实教师种子成长课程的实施，促进教师专业发展，激发队伍活力，提高教师法律素养、道德素养、艺术素养、科学素养、健康素养、语言素养和学科素养，培养教师职业精神，打造充满正能量的教师团队。四是优化学校育人方式——夯实一个载体：课堂教学，引领教师将行实文化落实在日常课堂教学中，让课堂成为学生自己的课堂、探究的课堂、生态的课堂。五是健全师生发展支持保障体系——抓实两个重点（安全＋健康），做到四个到位（责任到位，制度到位，落实到位，宣传教育到位）。六是促进学校治理体系和治理能力现代化——党建导航，明确方向；健全制度，规范管理。

学习《标准》的过程，是重新思考并自我审视学校管理的过程；对照《标准》自评的过程，是对学校工作、本岗位工作的自我体检的过程；研讨《标准》的过程，是自我提升、达成共识的过程。未来三年的迎检过程，是全面提升学校管理水平，促进学校内涵优质发展的过程！期待在《标准》的指引、专家的指导和我们全体教师的努力下，附小的每一个孩子都能长成最好的模样！

三、合作办学，共赢发展

北工商附小原名良乡中心小学，地处房山区西潞街道办事处。2015年12月23日，良乡中心校更名为北工商附小。至今，北京工商附小与北京工商大学已携手共同走过将近五年，我们经历了从合作到合心，再到形成合力的过程，合作只是形式，合心才是关键，形成合力是目的。这五年，大学助力附小发展，实现了合作办学的最大价值。

（一）全员共识

2016 到 2018 年，附小充分利用北京工商大学的优质资源，密切合作办学。传承了两校办学特色与文化基因的"行于实，方乃成"的办学理念及文化框架已深入附小每一位干部、教师的心中，并不断向班级延伸、发展，落实到每一位学生。在北工商指导、支持下完成的校歌及校徽等学校形象识别系统的创建，促进了学校更好更快地发展，实现了北工商与附小文化浸润式的发展。两校明确了依托"四个一体化"进行人才培养、实现教育贯通、促进义务教育均衡发展的合作共识。四个一体化，即办学理念一体化、课程建设一体化、师资培训一体化、学校活动一体化。实现全员合作共识，合作办学的思路逐渐清晰，各项合作办学措施和办法有效落地，深入合作的计划正在有条不紊推进中，实现了开放资源共享、助力师资培养、深化教学研究、推进学科建设、开发特色课程、优化学校管理、加强品牌建设、提升办学品质的合作办学目标。

（二）全面共建

经过两年多的合作探索，北京工商大学与附小已经摸索出了一条合作共建之路，且共建内容和形式不断丰富。2018 年，在过去两年层层深入的基础上，开展了多维度、立体化的全面深度共建，进一步拓宽办学思路，全面实现优质资源共享，提升办学品位。

一是专题讲座提升，助力师资成长。教授大讲堂活动，是两校一直坚持在教师专业提升方面所开展的活动。附小依托外语学院的英语教学优势和艺术与传媒学院中文教研室的名师资源，开展"英语俱乐部"和"名师大讲堂"活动。2018 年，在原有大讲堂活动基础上，结合现代人工作生活压力及对教师身心健康考虑，邀请北京工商大学艺术与体育教学部心理研究室的教授、博士为教师进行心理健康教育培训及讲座，开展团体心理辅导活动，通过讲解与互动的方式，为全体教师普及心理知识，进行心理疏导。

二是深化教学研究，打造精品课程。借助优质资源打造附小精品特色课程。利用北京工商大学优质教育资源，参与学校合唱、朗诵、英语课本剧、电影配音、排球、足球、篮球、国学等 12 类课外活动教学，共有 26 名教师、北京工商大学学生走进附小的课堂，分别在每周二、三、四参与课外活动课程教学，让孩子们享受到更专业的师资。2018 年春夏之季，12 名北京工商大学学生，在附小 3 个班级开展了共计 9 次的公益活动，在附小干部、教师、小同学的积极支持与配合下，大手拉小手结下了友谊。学生自发制作了《旧衣新生》《设计制作弹力方程式赛程》《制作皮影》三个主题公益活动短片。通过短片，我们能深刻感受到北京工商大学的学生通过合作办学的平台，将自身的专业知识播种到合作办学的每一寸土壤中，正在生根发芽……除此之外，北京工商大学还为附小添置 20 余万元的学生活动用品、器材。确保了学生活动效果。

三是专家引领指导，加强品牌建设。北京工商大学先后聘请东城区成人教育研究室教研员马成奎老师、北京教育学院刘晓婷、张祥兰博士、迟希新教授、中央电视台银河艺术团合唱指挥赵仁吉等专家走进附小指导学校党建、文化、学科教学、班主任工作以及学生社团建设，极大地促进了学校办学品质的提升。

四是参与学校大型活动，促进交流提升。附小邀请北京工商大学教务处、艺术与传媒学院、体育与艺术学院、外国语学院学科教师等来校参与学校承办的全国第二届乡村班主任发展研究论坛、中国鼓社团成立三周年暨建校 40 周年成果汇报等重大活动。组织干部、教师走进北工商，参观北工商的校史馆，组织英语学科全体教师去北京工商大学外语学院参观座谈。自合作之日起，每年北工商的新年晚会上都有附小干部、教师、学生的身影，两校师生一起跨年联欢。

五是专人专负责，沟通更通畅。去年提出的"具体合作项目的落实是由高校的各个学院执行，逐个联系不如统一协调，需要大学的教学处和附小、附中的具体联系人及时沟通，保证各种信息的准确、及时传递，从而提高工作效率"问题在 2018 年得以解决，北京工商大学教务处胥阳主任的直接联络，使合作办学项目推进及时、高效。

（三）深度共鸣

学校在坚持常规合作基础上，重点集中在文化、合作成果的呈现，使合作办学实现深度共鸣。

一是助力探索育人轨迹，出版《成长的声音——行实班集体建设探索与实践》班主任成果集。借承办全国第二届乡村班主任发展论坛契机，北京工商大学协助附小编辑出版了《成长的声音——行实班集体建设探索与实践》，使附小迟希新班主任工作室成立三年来，以"行实班集体建设"为主题，围绕班级文化建设、主题班会设计与实施、班级典型案例解决策略、特色班级建设等内容开展系列主题研究与班级建设的典型经验与实践案例成果得以物化呈现。

二是共同凝练附小党建品牌建设成果，出版《红色种子　行实先锋：北京市房山区良乡中心校党建品牌建设文集》。北京工商大学与附小共同凝练学校党建品牌建设成果，协助附小编辑出版了《红色种子　行实先锋：北京市房山区良乡中心校党建品牌建设文集》，使北工商附小在加强党组织建设、发挥党组织的战斗堡垒作用上所进行的实践探索与创新成果得以呈现。

三是合力构建办学理念和育人体系，制成附小《文化手册》。附小立足于多年的"体验"教育特色，借助于学校更名为"北京工商大学附属小学"的发展契机，进行文化融合与创新，共同探寻研究高校文化，寻找共同文化气质，以此为基础，建构了学校文化育人理念与实践体系。为使文化体系得以物化呈现，北工商全面支持、帮助附小印制了《北京工商大学附属小学文化手册》。

四是携手推广特色品牌，形成附小《宣传册》。北工商协助附小制作学校宣传画册，立足附小服务于实务实于行的管理文化、多元丰实动静相宜的课程文化、生态厚实活力共生的课堂文化、尚德求实敦学共进的教师文化、求真向善求实达成的学生文化、灵动真实自主体验的环境文化、红色种子行实先锋的党建文化，使附小深厚的文化底蕴和办学特色得以充分体现。

五是推广学校名片，逐步构建附小视觉形象识别系统。北京工商大学艺术与传媒学院产品设计专业相关师生与附小师生共同设计了校徽胸章、信封封套、明信片、手提布袋、笔记本套装、教工定制活动服装等体现附小办学理念、文化体系的视觉识别形象产品，从而逐步形成北京工商大学附属小学视觉形象识别系统，并对附小视觉形象识别系统的使用进行统一规范管理，以树立附小好形象，形成附小规范、特色的学校名片。

六是共办全国班主任发展研究论坛，加强交流促成果。在北京工商大学的全力支持下，2018 年 9 月 14 日，由华东师范大学、北京市教育学会、房山区教委、北工商附小共同承办的第二届全国乡村班主任发展研究论坛活动在附小成功举办，来自全国各地百余名代表和本区教育同仁走进三个校区观摩主题班会、现场教学、聆听沙龙论坛、感受特色班级文化，在全面展示附小三校区建设的基础上，也使北京工商大学与附属小学三年合作办学的成果得以全面展示。

（四）发展共赢

经过共同努力，北京工商大学与附小的合作已逐步从表层走向里层，形成教育合力，实现发展共赢。2018 年，我校充分利用北工商的优质资源，密切共建合作，依托"四个一体化"人才培养模式，实现教育贯通，促进义务教育均衡发展。

借助北工商优质教育资源，共有北工商 50 余名教师、100 余名学生参与附小合唱、朗诵、英语课本剧、电影配音、排球、足球、篮球、国学等 12 类课外活动教学，让孩子们享受到更专业的师资。2018、2019 年连续两年，21 名大学生携手附小 10 个班级的学生共同开展了 16 次公益活动，制作了旧衣新生、弹力方程式赛车、皮影、传统风车、垃圾改造等 7 个主题公益活动短片。北工商的大学生们通过合作办学的平台，将自身的专业知识播种到了附小的每一寸土壤中，知识的种子正在生根发芽……外国语学院连续两年在附小开展暑期夏令营活动。小老师们立足语言优势，大手牵小手，开设"丝绸之路""悦游附小"等特色课程，通过音乐剧、双语表演剧、情景剧多种形式，将语言能力与艺术表演能力进行融合，特色课程深受孩子们喜爱。大学教授和大学生们的加入，使得一批优势课程迅速发展。附小学生代表学校参加区级比赛，合唱团获得一等奖；男女排球社团均曾获排球联赛第一名；英语社团两个短剧获得一等奖；民乐社团连续两次参加北京市展演；学校被评为北京市金帆书画院。2019 年 7 月，14 名学生赴加拿大参加 2019 年国际青少年艺术节，"戏曲、舞蹈、民乐"等五个社团节目荣获团体冠军，孩子们出色的表演，赢得赞誉。

系列文化成果的呈现，更使北京工商大学与北京工商大学附属小学三年合作办学的成果得以全面展示，实现了两校文化浸润发展、课程涵养提升、师生成长提高的发展共赢。北京电视台对两校的合作办学工作进行了专访，并于 12 月 1 日在科教频道《非常向上》栏目播出，相关报道先后在《学通房山》公众号、北京工商大学官微中推送。

成为北京工商大学附小是良乡中心小学新时期发展过程中换挡提速的起点，是办人民满意学校的现实举措。我们收获的不仅是课程、文化的深化，更有干部教师思想观念的更新和视野的开阔，学习大学精致严密的管理，学习大学教授们一丝不苟、严谨治学的态度和奉献乐业的精神，教授们饱读诗书，文化底蕴深厚，做人做事无不体现出谦和大气，所有的收获，都将影响并引领我们不断努力。

随着合作共建的不断深入，如何切实增进高等教育与基础教育的统筹发展，在资源共享中实现双赢、多赢，进而推动学校发展，促使师生的共同成长，还有待更长时间的探索和完善。学校的发展最终来自学校内部，作为合作共建中的最大受益者，附小要沉下心来，依托优质资源，借鉴先进理念和做法，结合本校特色，找准发展路径，抓住核心工作，关注学生成长，才能推动学校内涵式发展。

四、数字校园，智慧管理

"好未来"是目前中小学课外辅导培训机构的领军者之一，他的 CEO 张邦鑫在发给所有员工的邮件中说道："今天我们的每一个部门，每一块业务，都需要迎接移动互联网的重塑了。"他所阐述的观点，指向的绝非只是"好未来"，也不仅仅是中小学培训行业，而是指向整个教育行业，无论是民办教育还是公办教育。未来的校园将是无处不在的网络学习、融合创新的网络教研、透明高效的校务治理、丰富多彩的校园文化、方便周到的校园生活。今天的教育行业，尤其是人们眼中更为"传统"的中小学课堂，如何迎接和拥抱移动互联网，的确是件充满挑战又洋溢机遇的事情。

琉璃河中心小学位于房山区良乡卫星城轻轨脚下，在下辖的两所小学中，太平庄小学是房山区最大的农村完全小学，而固村小学是房山区唯一一所公办外地打工子女学校。2012 年通过层层筛选，琉璃河中心小学被确定为北京市数字校园二批实验校，随着数字校园的建设与投入使用，如何让数字校园助力学校管理以及教育教学工作，促进教与学方式的变革，成为一个我们不能回避的崭新而又严峻的课题。为此，我校制定了学校信息化建设发展规划，将打造一流的数字校园环境和管理体系作为长期目标，以数字校园的建设与应用为载体，在应用中不断更新教师观念，推进我校信息化建设，促进教育质量不断提升。

（一）让办公更便捷高效，促进学校管理

作为二批实验校，新建系统中的校园数字办公平台无疑是学校管理的指挥中心，给学校的管理和教研等日常工作提供了极大的便利，也使我校的信息化建设工作有了明确的思路和方向。例如，我们利用办公平台的"信息公告"和"信件中心"发布各类通知公告，教师在校内即时通讯系统——小乐通讯的提示下能够第一时间查看，避免了逐个完小、逐个教研组打电话通知的繁琐劳动，重大信息直接推送到门户网站，便于上级主管

部门、学生家长第一时间了解学校的各项工作。其中的日程协同系统便于本部门管理人员做好工作规划和日程安排，促进相互之间的协调与配合。此外，我校还利用平台中的校园电视对学校重大活动进行视频转播，学生在教室、在家里都可以同步看到学校主会场的活动过程，转播模式受到师生和家长的好评。利用小乐通讯建立班主任、数学核心组、学校管理等研究群组，开展中心小学与完小、教研组与教研组间的网上交流、研讨，大家不仅可以在这里进行文字交流，还可以使用音频直接探讨教学中的问题，既方便、快捷，又减少了校校之间的来回奔波，提高了教研的效率。

（二）实现教学工作的数字化管理

作为北京市二批实验校，我们在制定、修改、完善数字校园建设方案的过程中，关注了教学管理平台的建设，尤其是其中协同备课、协同评课的环节，有效弥补了原有平台的不足，实现了教学工作的数字化管理。

学期初，由教研组长先将本年级本学科教案上传到协同备课平台的主备模板，同一年级的老师就可以选择主备模板进行复备，另外，有的老师上传自己的教案后邀请同伴进行批注，收到邀请的老师在其中随时添加批注，还可以对同伴的教案进行星级评价，实现真正意义上的集体备课。教师们将在日常教学过程中产生的大量有高度适用性的"教案""素材""课件""试题""案例"等资源上传，并进行动态资源分类，避免了教育资源的浪费与流失，丰富了校本资源库。资源的集中汇集不仅丰富了学校的教育资源，而且给教师提供了一个彼此了解、切磋的平台与机会，使教师的授课能力、业务水平在交流中得以逐步提高，促进了教师的专业化发展。

学校教学管理部门针对教师备课的数量、质量进行详细检查，并根据学校的评价标准进行打分，提出意见和建议；每次听课后管理人员及时将反馈意见和等级录入系统，期末还可以提取过程中的所有数据进行存档、计入过程性评价和学期考核，教师在进入本系统后也可以随时查看这些成绩和评语。我们进行数字化管理的目的，就是通过数字校园的改建工作，最大限度与学校管理相结合，与学科、科研发展相结合，从而提高师生在数字校园中的参与能力、反馈能力和创新能力。

（三）改变教与学的方式，促进师生成长

比尔·盖茨曾预言："在21世纪，随着信息技术以及其他领先科技的发展，学校的形态最终会发生改变。"而今，大数据时代的"潘多拉盒子"已经打开，一对一数字化学习、翻转课堂、慕课、微课等新型的教育教学形态层出不穷，这让我们看到，比尔·盖茨的预言正在变成现实。

1. 改变传统的教学方式，促进教师专业成长

琉璃河中心校围绕"践行体验教育，让每一个孩子健康快乐地成长"这一办学理念，开展体验教育课题研究。作为北京唯一一所英特尔未来教育创新之旅的营地学校，我们不断反思课堂，改变传统的教学方式，创设体验情境，让学生在体验中感悟、在体验中探究发现，参与到知识的形成过程中，实施体验教学，近年来我校也由此取得了突出的成绩。

2014年9月，利用北京市数字校园二批实验校以及班班通项目的支持，我校建设了两个智慧教室，将一对一数字化学习引入课堂。老师们通过自己的尝试和努力，接受新的教学模式，与英特尔未来教育理念结合，利用平板电脑进行互动教学，不仅有效进行课堂的展示，而且反馈更及时，这既增进了师生之间、学生之间的互动交流，也凸显了我校的体验教育思想。

2. 增加新的学习方式，为课堂学习方式做有益的补充

我们的学生从一出生就生活在互联网和手机的世界里，是在网络和数字环境中成长起来的"数字原住民"。网络就像空气，弥漫在他们能够接触到的每个角落，因此，教育和引导使用电脑如呼吸般自如的学生，是挑战，更是契机。我们就像大禹治水一样，宜疏不宜堵。为此，我们利用班级广场，为学校专题教育活动提供了交流展示的平台。学生将自己在活动中的实践成果、感悟反思、读书心得等以日志形式"晒"出来，与大家交流展示，老师和学生参与评价，调动了学生应用网络的热情。此外，在以

"科学种子计划"专区为代表的体验学习平台中，学科教师为学生提供了大量的学习资源，包括制作标本、植物图鉴等的学习支架，供学生进行网上自主学习，指导学生实践体验，此外，学生在对植物进行多样化研究的过程中，随时记录自己的心路历程，和同学一起分享自己的学习成果并予以展示。并以此为窗口，促进体验学习平台的建设。

楼道体验大屏，是学生喜爱的自主学习天地。在数字校园建设项目中，我校在楼道内安装了 12 块触摸体验大屏，其中不仅有对学校环境、历史以及各项活动的展示，还有体现学科自主学习的"知识库"。课间休息时间，孩子们争相到这里选择自己喜欢的学科，观看自己感兴趣的内容，不断拓宽自己的视野。在"玩中学"版块，孩子们最喜欢的就是进行书法、陶艺等虚拟体验，尤其是陶艺，孩子们在这里进行制作、煅烧、装饰、拍卖等虚拟体验……

在此基础上，我们鼓励学生利用网络查找资料，有不懂的问题到百度去搜索，利用计算机将搜集到的资料整理成 PPT，将知识梳理利用 Word 做成"海报"在楼道展示，课前、假期在北京数字学校观看 BDS 机器人课进行预习……以此形式作为课堂学习的补充和延伸。学生在这一过程中发现上网时还有比玩游戏更有意思的事情，这不仅教给了学生如何健康上网，而且促进了学生学习方式的转变。

数字校园是融合了技术创新和教育创新的有机平台，其核心作用是通过信息化建设，提升信息技术在教育中的应用水平，创新与变革师生的互动和学习方式。在这样一个信息时代，随着互联网、平板电脑、智能手机、微博、微信等新技术革命产物的出现，我们的生活变得日益丰富多彩、方便快捷，我们的思维方式和行为方式也发生了革命性的变化，我们必须加快脚步，不断探索、创新，让数字校园更好地服务于教育教学，推进学校教育信息化向更高水平迈进。

第四章

教学·真做

教学领导是学校教育的核心领域，也是教育领导的重要方面。教学领导具有深刻的内涵，不仅是对教的领导，还包括学的领导，不仅注重校长的教学领导，还包括教师和学校其他成员对改进学校效能的重要作用，涵盖教师专业发展、学习共同体建设、创新人才培养等方面。校长是学校新课程改革的主要领导者，是新课程理念贯彻落实的督促者。其中，校长教学领导力的发挥，直接关乎着新课程改革的成败，是学校办学取得成功的关键。校长教学领导力就是指校长影响身边的师生实施教学改革，实现学校办学愿景，促进师生发展的能力。校长领导力主要体现在：校长应是学校管理团队的组织者，是组织系统资源的建设者，是校园文化建设的规划者，是教学领头人、带领者，等等。校长领导力的核心就是教学领导力。因为教学质量是学校永恒的主题，是学校生存和发展的生命线，是学校综合实力的反映。学校要实现办学目标，就必须以教学为主，并围绕教学这个中心安排其他工作，建立学校的正常秩序。

一、围绕三"真"，有效教学

何为有效的教学管理？"效"在新华字典的解释是：效验、功用、成果。有效就是有效验、有功用、有成果。有效管理教学，可以理解为：通过适当的管理方法、管理策略使得教学管理工作有成果。在教学管理中校长应该做什么、怎么做才能使得教学管理有效？基于我在琉璃河中心校的探索实践，将有效教学管理的做法梳理和总结如下。

（一）引领思想，明确思路

全体干部教师能够用阳光积极的心态面对工作，有共同的价值追求是做好工作的前提。

办学理念：让师生享受阳光一样灿烂的教育 ⟶ 理解："享受"是一种积极向上、乐观豁达、善良包容的人生态度。教育是一种健康、纯真、充满智慧的生活。"阳光一样灿烂的教育"是指一种人人受教育、人人有希望、人人得关爱、人人获成功的教育。"让师生享受阳光一样灿烂的教育"成为全体师生的教育理想和共同追求。

↓

办学目标：

面向学生，让每一个孩子全面而有个性地发展；

面向教师，让每一名教师幸福而可持续地发展；

面向完小，让每一所完小成为促进师生发展的阳光校园；

面向未来，让教育为每一个孩子拥有阳光人生奠基！

↓

学校特色：面向全体　均衡发展

↓

实施载体：⟶ "三yue"主题　开展各项工作 ⟶

八个统一管理策略
规章制度
干部教师队伍建设
学生培养
课程建设
校园环境
资源配置

形成

↓

学校文化：三yue（悦、阅、越）

干部教师层面：悦——悦人（欣赏别人）　悦己（悦纳自己）

↓

阅——阅人（学习他人）　阅己（完善自己）[阅：学习、经历、体验]

↓

越——越人（树立目标）　越己（超越自己）

学生层面：悦——快乐总是与美德相伴
　　　　　阅——读书会让我们智慧
　　　　　越——在不断超越中成就自我

教学管理原则为：在"真"字上做文章，在"实"字上下功夫；

教学管理思路为：引领　服务　课堂　有效；

教学管理策略为：落位中心校"八个统一"管理策略；

教学管理途径：发现真问题　解决出实招　管理有效果。

（二）抓住载体，做到三"真"

1. 让干部真管，在走动中抓管理

一是明确管理责任。首先干部明确自己的责任是什么。提出"瞄准目标、了解实际、团队合作、落位职责"的工作要求。要求干部做到 5 个"主动"和 1 个"转变"。

二是转变管理方式。在干部中大力倡导"走动式"管理，作为转变管理方式，提高管理实效的重要举措。原则：高站位决策，低重心运行，近距离服务。规定中心校和完小干部每周做到"4 个走进，2 个问题"，形成"走得动，沉得下，看得准，思得深"的工作作风。

三是优化管理策略。坚持"八个统一"的管理，保证教学指挥系统顺畅、管理到位。统一各项制度、中心校统一调配干部教师，实施跨校管理、跨校上课。

四是提升管理能力。"学习"中借鉴，每周例会学习；"听看"中感悟，每学期外出参观听课至少三次；"交流"中反思，学习后必须交流汇报；"实践"中提升，定期汇报工作。

2. 让教师真教，在教研中抓落实

一是专业引领（分层设计：全体、骨干、新任）和校本研究让老师有真教的本事。首先，保证中心校统一管理下的三级教研网络正常运行。其次，以校园网为平台，开展网上教研。二是固定监控、随机监控、开展各种竞赛等让老师有真教的动力。

3. 让学生真学，在课堂中抓效果

一是落实教学模式。2010 年 10 月总结出了"琉璃河中心校 1347 均衡发展型"课堂教学模式。二是开发校本课程。我校根据学校实际，构建以"三 yue"为主题的校本课程体系，中心校整体规划设计，各完小依据实际开发、完善、实施各具特色的校本课程，促进每一个孩子全面而有个性的发展。

教学管理工作的实践让我们体会到：好的思想，更需要好的实践。教学工作来不得半点儿虚假，发现真问题，解决出实招是进行有效教学管理

的关键。在立足现实、反思现实、改进现实、超越现实中实现有效教学管理。

二、直面问题，聚焦课堂

北工商附小现有中心、太平庄、东沿村三个校区，共 74 个教学班，2 731 名学生，186 名教职工。在立德树人、中高考改革等大背景下，培养具有综合素养的学生，不断满足人民群众对教育的高期盼成为我们的教育梦想，为孩子提供优质的课堂教学是实现这一目标的必然选择。

当下，我们所面临的现状又是什么呢？生源、师资等问题导致中心校与完小教学质量发展不均衡；面对减轻学生过重负担的要求，既不能增加作业量，又不能补课，还要保障学生课外活动时间和教师研修时间，老师们说教学时间紧，不够用；当核心素养、综合能力成为强音的时候，传统课堂必须发生改变，老师真的舍得放手让孩子们探究、合作、分享吗？理解教材、驾驭课堂的能力到什么程度？老师不变，课堂变革又怎么能实现。面对这些，我们唯一的选择是直面教学问题，迎难而上，改变现状。

（一）多措并举，做好教学保障

在坚持中心校"十个统一"的管理下，形成"中心主导，校区主抓，部门主做"的校区管理思路。瞄准课堂，向管理要绩效，全方位努力保障教学。

1. 统一教学工作标准

中心校区对教学工作提出的目标、思路、要求适用于三校，各校区不能降低工作标准，必须严格执行。三校做到无缝对接，随时沟通联系。

2. 统一调配干部教师

人是提升课堂质量的关键保障。根据学校发展需要，近三年来，采用公开竞聘上岗的方式新聘用主任、干事等 9 人，在校区间轮岗教师达 100 余人。东沿村新校区的教师聘用采取竞聘上岗和中心统一调配方式相结合完成。目前，各校区力量均衡，各年级、各学科都有骨干力量引领，年龄结构相近。合理流动和调配激发了干部教师的活力和干劲，成为促进各校区优质均衡发展的前提。

3. 统一管理瞄准课堂

一是中心统一安排三校轮流承担各级会议、教研活动。采取校级干部每天一人轮流值岗的方式，每天完成三个一：听评一节课；和 1～2 名干部教师谈话；参加分校区一天的日常管理。对于两所完小，做到经常下校多关注，发现问题多反馈。

二是改变会议形式和内容。先是纵向深入，每月一次分部门工作汇报。再是横向沟通，分部门会后，校级干部和校区主任就存在问题进行研讨和沟通。横纵结合的干部会，解决问题及时，实效性强，将管理和指导深到底，纵到边。

三是德育教学相辅相成。德育工作将抓学生习惯养成作为重点，常抓不懈，各项活动开展注重学生综合素养形成。班级合唱节就是音乐学科实践活动，一周一班一展示，成为各班小诗人、小作家、古诗词诵读展示的舞台。德育工作抓得实，瞄得准，同样促进教学质量提升。

四是跨校上课，保障完小和中心课堂同步，解决师资问题。

（二）转变教育观念，深化课堂教学改革

课堂建设，关键在人，我校教师平均年龄 41 岁，转变观念成为首要任务。

1. 专家引领，外力助推

市、区专家进课堂，引领发展方向。我们通过优势"学科带动—典型引路—全员跟进"的策略促进观念转变。2014 年 10 月成立数学核心组，市级专家定期进课堂，与老师们共同研修。在骨干和核心成员的带动下，老师、课堂、学生有了变化，其他教师看到效果，自然学着改变。

2. 活动评价，内力生成

在与专家的学习中我们逐渐明确：整个教学过程的优化，需要关注教、学、习三个维度。制定以"教、学、习"三个维度评价为主的课堂质量评价标准。引领教师遵循教学规律，让课堂回归教育本真。推进学生"五会"标准。通过推门课、党员示范课、评优课等各类活动促进评价标准使用、观念转变。在自下而上与自上而下的标准制定实施中促进观念转变。老师们"我的学科我负责"的工作意识得到加强，将关注学生落到实处，探究、合作、体验的教学方式广泛应用，更加体会到是自己决定着学生在课堂上的实际获得。

（三）践行行实文化，提高课堂教学效益

1. 文化引领——构建灵魂

我校"行于实，方乃成"的办学理念，得到教职工的高度认同。抓教学、抓课堂更来不得半点儿虚假和形式。踏实、扎实、朴实的工作作风成为教学工作的主旋律。做到基于实际有想法，基于规律找说法，基于效果重做法。"生态厚实，活力共生"成为课堂的灵魂，明确了"3155"内涵要素，引领教师将行实文化落实到日常。

2. 抓实管理——课堂共管

教学工作不是单打独斗，各部门管理人员必须形成合力，共同作用于课堂。全体管理人员：人人上课了解课堂，从校长、书记到干事，人人兼课。人人听课发现问题，每周一全体干部进课堂听课。明确四不：不唯模式，只要学生有实际获得就是好课；不占用放学时间补课，相信只要上好每一节课就是质量保障；不折腾、搞活动切忌形式主义，不能随意占用学生上课时间；教师外出活动全都调课，不能耽误教学进度。

实行"小循环—常反馈"的管理方式。每月一次教学检查，每天做到听、巡、查、导。听，行政听课每周一次，教学干部每天至少参与一节推门听课；巡，巡堂、晨诵、午写；查，常规落实；导，指导方法。

3. 夯实常规——聚焦常态

一是巧用时间。帮助孩子培养早晨到校自主晨诵、放学路队边排队边吟诵古诗词、中午到校后自觉午间习字天天练的习惯。课上前两分钟是孩子们的"今天我主讲"环节。

二是备课分层。在电子集体备课的基础上抓实个人复备，复备内容：

课件、拓展资料等上传校园网，教科书、教参、教案的手写复备；入职 5 年以下的老师打印教案，详细手写复备；开展"一日一师一点评"活动，一人写教学设计，另一人点评，自由组合。每天一组，每学期每人参加一次，在网站上交流共享。

三是聚焦常态。注重常规课堂，不糊弄、不折腾，扎实、朴实、求实效。干部听推门课做到分层、三结合、三注重。分层：学期初重点听新任、新调入、换学科及相对薄弱教师的课，再陆续涉及全员。三结合：听课与跟踪指导、常规检查、教研活动相结合。三注重：听课重在发现问题，研究解决，指导改进。本学年举办两次"行实杯"课堂教学大赛，以"聚焦学科素养　打造五会的行实课堂"为主题，采取学校提前两天发布授课内容、借班上课、骨干及干部评课、区教研员点评指导的方式聚焦常规常态，推进常态课质量提升。我们发现有这样的现象：电子备课让教案和课件唾手可得，课件成了一部分老师上课的抓手，只靠检查教案解决不了根本问题！针对这一现象，这次评优我们增加了不用多媒体的要求，引领教师踏实研究教材，多用文本，让孩子在课堂上真正学会读书。让老师明确多媒体使用的目的不是让老师们图轻松，可用可不用就坚决不用，使用课件的出发点是看学生学习是否需要，解决教学中的重点难点。其实任何事物的发展都会由泛化走向理性。

4. 做实研究——抓住重点

一是日常教研，守住底线。首先，明白教什么：研究制定课程纲要，弄明白教什么。假期自主制定，学期初校内研磨，开学第一课和学生进行课程纲要分享。其次，明白怎样教：研究单元课时备课，弄明白怎么教。成立语文、数学核心备课组，围绕课程标准、多版本教材、教参和学情进行单元核心知识能力点和核心活动设计，采取团队研磨、组内共享的方式落位。

二是专题研究，抓住重点。数学学科以转变学生学习方式为研究重点，经过三年的研究，"体验—合作—分享"的课堂初见模型。语文学科则以阅读素养的提升为研究重点。以语文课、阅读课程和体验式学习作为载体，分别制定课程纲要，明确目标、内容、评价等，并在之后实施。阅读课程制定了学生阅读书单，探索读物推荐课、读书方法指导课、读书笔记辅导课等课型的实施策略，以提升学生的阅读兴趣、方法、习惯和能力。语文课进行单元整体阅读教学的研究，增加了学生的阅读量。

三是机制健全，保障效果。坚持干部带组，包年级、包学科，每周一次行政听课雷打不动，将听课、研讨、反馈指导相结合。围绕课堂实际问题，中心校每月一次大教研，各校区两周一次小教研，将每学期研究大主题化为一月一题一研讨小主题研究活动。构建教师专业引领机制，成立由9位高级教师组成的行实教师发展指导委员会，每年完成"三个一"：主持一项区级以上科研课题，带好1~2名青年教师；每学年进行一次规模不少于30人的讲座；委员会每年组织一次有主题的行实教师发展论坛。

着眼未来，不断提升完小管理水平，促进教师专业发展，提高课堂教学效益，仍是我们要重点思考解决的问题。课堂建设是一项系统工程，坚信"行于实，方乃成"，我们将在行实课堂建设之路上，做实做深，不断创新，砥砺前行，努力提高课堂教学质量，让每一颗种子朝气蓬勃地生长！

三、种子课程，体验成长

（一）构建体验课程体系

我在良乡中心小学工作时，一直秉承"践行体验教育，让每一个孩子健康快乐地成长"的办学思想，坚持把课程作为学校实现立德树人的载体，将德育八大领域的内容全方位、多角度、立体化融入我校体验课程体系中，真正实现"八位一体"的深入落实。

1. 做实学科课程，提高育人实效

课堂是实施德育的主渠道，是课程实施的基本途径，唯有聚焦课堂，方能增强学科课程育人实效。

一是重视"研"，提高学科教师育人能力。研究学科德育内容。各组针对学科内容和学生德育问题确立学科实施德育专题及教育内容，开展体

验教学课例研究，撰写小组研究报告，进行学科实施德育专题研讨。研究课堂模式。组织教师针对"1355"教学模式和固村小学"关注差异，学新补旧"的"155"课堂教学模式进行研究。转变教与学的方式，学生们在"做中学、悟中学"，形成了"主体参与、在参与中体验、在体验中获得体验"的教育教学基本经验。研究学生表现，每月由年级组长组织本年级各学科任课教师，就学生的课堂表现情况进行专题交流。针对重点问题和个别学生表现，制定措施，任课教师在课堂教学中进行重点关注。让老师们真正研究学生，聚焦课堂。

二是体现"活"。多种学习方式灵活运用，促进学生道德行为习惯养成。课堂上的个人自学，培养学生独立思考的习惯；小组合作，让孩子学会倾听和尊重；自主探究，在丰富经历的同时，增强学生的实践能力。数学课上培养学生严谨做事、诚实做人的品格。体育课中，锻炼学生坚强、不怕困难的意志品质。音乐、美术课，教孩子学会欣赏美、创造美，更加热爱生活。

三是做实"深"。作业是学科课程的重要组成部分，我校不断改进作业形式和内容，让课堂教学得以拓展延伸。如语文学科诗配画、编排课本剧。品社学科调查居家安全隐患，制作安全小报。科学教师带领学生走进大自然，了解动植物多样性，感受生物的生命周期。数学教师让学生绘制思维导图，传递数学思想。利用校园网展示各学科作业，加强师生交流学习。

四是用好"评"。注重学科特色评价。书法的段位达标奖、劳技学科的"制作小能手"、美术学科的"校园小画家"、音乐学科的"校园百灵鸟"称号，每一个孩子都能在课堂上体验成功，增强自信。

2. 建设环境课程，拓展教育空间

环境即课程，是促进学生健康成长的生态空间。建设"书声朗朗、歌声朗朗、笑声朗朗"的"三朗"校园，通过知识性、教育性、立体的、多维的环境体验课程，优化师生发展的生态空间，让环境服务学生体验，以实现校园文化领域的实施目标。

学校融整体性、儿童性、教育性、体验性、课程性、艺术性为一体，实施了环境建设"367工程"。"3室"——教室、办公室、专用教室。教室内，专栏区凸显学生成长过程，记录成长点滴；班级特色展示区主要在教室外墙展示班级特色和亮点。办公室凸显引领教师专业发展、倡导团队精神。专用教室体现学科特色，扩展学科知识，体现学习实践、创新活动、学习技能，营造学科学习氛围。生命科学教室和300平方米融教育性、教学性、实践性为一体的生态种植园，让学生时刻处在体验中，并在体验中发展。"6场"——学生六个自主活动场：自主展示区；红色小剧场；智慧小吧；自助书屋（阅读长廊）；创作空间；身心健康活动场。"7主题"——七个主题教育，分别是办学理念、我们爱祖国、我们爱学校、我们爱读书、从小养成好习惯、立志成才、艺术教育。孩子们在校园中时时、处处能够受到教育，得到熏陶感染。经过不懈地探索与实践，学校环境体验课程成效凸显，校园文化对学生进行着文化的熏陶与感染，浓郁的校园文化氛围可谓是"随风潜入夜，润物细无声"。

3. 实施活动课程，感悟生命成长

以规范常规主题活动为抓手，将主题活动系列化，构建德育活动体验课程——"阳光少年在行动"，让孩子在丰富的活动中深度参与，感悟生命成长历程。

分为四类：节日活动课程——读书节、友爱节、爱国节、诚信节等十大校园节日。职业体验课程——小老师、小保洁、小警察等。自主管理体验课程——好习惯好品行、校园升旗手、校园导游员等。校外体验课程——社区实践体验、场馆参观游览体验、家务劳动体验等。以主题班队会、专题讲座、社会大课堂实践活动等为实施途径。全体教职员工参与其中，家教委员会的家长们是学生活动的支持者、组织者、参与者。孩子们在各项德育活动中获得经历和情感的双重体验，感受成长的快乐，感悟生命的成长。丰富多彩的德育体验活动，培养了学生动手实践能力、沟通合作能力、良好的个性品质以及促进了和谐的师生关系、亲子关系的生成。更使得班级建设领域、团队工作领域、以学校为主导的"三结合"教育领域和区域德育资源利用领域得以顺利实施。

4. 开发潜能课程，发展个性特长

着眼于学生发展，努力挖掘学生潜能，激发多元兴趣，为每一个学生的终身发展奠定基础。根据孩子们的兴趣爱好，开设了围棋、书法、造型艺术、合唱、空竹等 30 余个学生社团。本校教师、家长志愿者、社会人士、校外专业人员成为指导活动的老师，培养学生阳光、自信、勤奋、向上的品质和勇于实践、勤于反思、敢于创新的能力，努力实现"身心健康、习惯良好、基础扎实、学有特长"的育人目标。学期末各社团成果展示活动，促进了社团品质的不断提升：服装走秀、DV 作品展、校园"红歌赛"、"阳光少年"风采展……孩子们一个个充满自信，一件件作品灵动且有创意。区级各类大型活动中有孩子们阳光、自信的身影，社区大舞台上有孩子们精彩的演出……丰富多彩的个性体验课程，为学校增添了活力，更成为每一个孩子获得难忘的经历、一生的财富，真正朝着让每一个孩子全面而有个性发展的培养目标努力。

5. 打造精品课程，促进持续发展

创新是一个民族进步的灵魂，是一个国家兴旺发达的动力，也是一个人在工作乃至事业上永葆生机和活力的源泉。小学生的创新意识、实践能力都处于萌芽的状态，所以培养尤为重要。2012 年我校自主开发了凸显"做中学"理念的实践活动课程——科学种子计划，在三、四、五年级中实施。分别为"植物栽培""植物标本制作""植物图鉴制作"系列课程。由科学教师具体负责。孩子们亲身体验栽种植物、采集标本、制作植物标本与图鉴。在与植物共同成长的过程中，他们亲手栽培管理，记录植物的生长过程，研究植物的属性特点，体验"小小科学家"的探究历程。学校组织学生参与植物栽培展示，在校园网"科学种子计划"主题博客中交流感受。课程的实施，让孩子们在实践活动中领悟新道理、发现新问题、创造新内容，激发了孩子们的研究兴趣，播撒了实事求是、尊重自然、热爱生命的科学种子，学生的创新意识和实践精神在课程实施中萌芽，为持续发展奠基。

多年来的坚守，德育八大领域深化落位，让我们看到：学校形成了事事有人做、时时有人管、处处有教育的全员、全程、全方位的德育工作格局；在把学校提高德育整体实效作为出发点和落脚点的同时，整体优化了学校管理，提升了办学品质，推动了我校整体工作发展提升，良乡中心小学连续 13 年获得房山区综合评价一等奖，2013 年 12 月被评为北京市首批学校文化示范校。孩子们身心健康、品行良好、基础扎实、学有特长，文明习惯、综合素养得以不断提升，一张张阳光自信的笑脸让良乡中心小学的校园焕发蓬勃生机。

（二）建设"种子成长"课程①

"为谁培养人""培养什么人""怎样培养人"这是学校教育永恒的主题，学校作为办学实践者，根据国家的顶层设计和要求（立德树人—教育方针—核心素养—深综改—课程标准），北工商附小瞄准课程建设，进行校本化的建构与实施，来回答培养什么人、怎样培养人的问题。

"种子"，代表着生命的萌发，象征着无穷无尽的能量。叶圣陶先生说，学生"跟种子一样，全部都是有生命的，能自己发育，自己成长的；给他们充分的合适条件，他们能成为有用之才。所谓办教育，最主要的就是给受教育者提供充分的合适条件"，每一个学生都是一个蓬勃发展的生命个体，他们带着春的生机、夏的葱郁、秋的收获和冬的希望而来，带着生长收藏的使命而来，需要我们教师去感受、去领悟、去尊重、去唤醒。课程是育人的载体，是学校教育活动的依据，是学生成长的保证。要培养什么样的人就要为学生提供什么样的课程。因此学校构建种子成长课程体系，整体推进"种子成长"课程一体化建设与实施，促进学生全面而有个性地蓬勃发展。

首先，种子成长课程为学校课程发展所需。党的十八大把立德树人作为教育的根本任务。《关于全面深化课程改革　落实立德树人根本任务的

---

① 根据此部分，以《行于实，方乃成——为每一颗种子创造无限生长、充分体验的可能》为题，发表于《北京小学教育研究》，2016 年第 2 期。

意见》《中国学生发展核心素养》等政策精神，要求学校要立足于"为谁培养人？培养什么人？用什么培养人？怎么培养人？"的高度来审视学校现有的课程建设，在以立德树人作为课程建设的根本任务，以核心素养培育作为课程建设的统领方面还有待深入思考，课程育人价值亟待提升，学校基于学生核心素养培育的课程体系的构建和实施迫在眉睫。种子成长课程的开发立足于培养学生核心素养，以一体化构建为途径，突出课程的创新价值，关注学生的持续成长，开放式、综合性的课程期待为学生播下强健体魄、良好品格、活跃思维、多才多艺的种子，充分体现课程的育人价值。其次，种子成长课程为学生发展所需。调研发现，本校学生的基本素养待提升，一些学生意志薄弱，怕吃苦，在挑战面前缺乏勇气与自信，缺少担当意识，缺乏独立解决问题的能力，实践创新能力亟待培养，部分学生以自我为中心，合作意识不强。因此基于学生基本素养的提升，需要对课程进行改革，对课程内容和形式进行创新，加强课程设置对学生核心素养的提升。种子成长课程体系正是在学校育人目标的引领下，重点关注本校学生的核心素养的培养，提炼了健康乐学、顽强自立和求实向善的学生发展核心素养，构建学校"种子成长"课程体系，整体推进"种子成长"课程一体化建设与实施，促进学生全面而有个性的发展，综合提升核心素养，帮助学生在成长过程中发现自己、完善自己、成就自己，助力学生幸福成长。

1. 课程建设是在实践中不断发展生长的过程

在体验教育思想引领下，我校课程建设经历了不同阶段，不断在理性中沉淀，在实践中丰厚。有自上而下的顶层设计，也有自下而上的主动创新。

2001—2005 年，国家课程、校本课程建设起步阶段；2005—2009 年，校本课程重点建设阶段；2009—2014 年，三级课程初步整体建设阶段；2015 年，三级课程整体建设阶段；2016 年至今，学校课程一体化建设阶段。

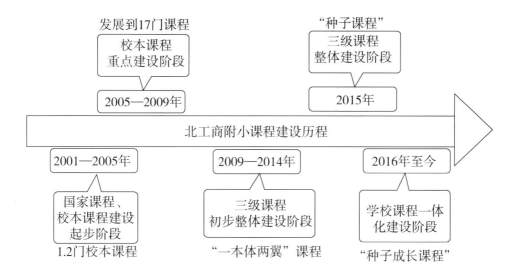

发展到17门课程　　　　　　　　"种子课程"

校本课程
重点建设阶段　　　　　　　　　三级课程
整体建设阶段

2005—2009年　　　　　　　　　2015年

北工商附小课程建设历程

2001—2005年　　　2009—2014年　　　2016年至今

国家课程、
校本课程建设
起步阶段　　　　　三级课程
初步整体建设阶段　　　学校课程一体
化建设阶段

1.2门校本课程　　　"一本体两翼"课程　　　"种子成长课程"

课程发展分析是学校课程建设的基础，它可以帮助我们更好地了解学校的课程建设现状，为进一步完善学校的课程方案提供依据，反省与共享学校课程价值观。2016 年 9 月，运用 SWOT 分析工具，对学校课程发展的优势、劣势、机会、威胁和行动策略进行了梳理与分析，分别对教师、学生和家长进行了问卷调研，撰写调研报告之后进行了课程发展分析，努力追求由基于经验走向基于实证。

2. 课程建设是在实践中不断思考完善的过程

学校文化是课程建设的内在推动力，使课程建设真正做到有方向、有内涵、有特色。育人目标是学校培养人的基本出发点与最终的归宿。办学定位、办学理念、育人目标和核心素养，应落实国家的教育方针、体现学校的传承发展、满足学生成长需求等。构建学校育人的目标体系，力求文化、教育、课程一体化，突出"实践"和"体验"。

学校文化建设的成效和作用是通过课程来实施和体现的。课程建设的哲学理念是以人的充分自由发展为最终目标。生命成长是教育的终极目标，实践体验是学生重要的习得途径，让学校成为学生生命成长的体验场，让每位学生在体验中成长、在参与中获得，是我们的办学定位。在体验教育特色和北工商"实干兴邦，实干兴国"的理念传承中寻找共同的文化基因，凝练"行于实，方乃成"的办学理念。每个孩子都是一颗充满生命力、充满希望的种子。培育孩子，如同为祖国播种希望，播种梦想，播种未来。"让每一颗种子朝气蓬勃地生长"作为学校的育人目标，即凸显表达了学校的育人追求、对学生的未来期许。"健康乐学、顽强自立、求实向善"是对"朝气蓬勃"的具体描述，也是我校重点培养的学生核心素养。

在育人目标的引领下，依据种子成长的需要及种子的精神、特性，构建了"13536 种子成长课程体系"：1 条主线——培养全面而有个性发展行实少年；3 大素养——健康乐学、顽强自立、求实向善；5 大领域——道德与修养、语言与人文、科学与技术、体育与健康、艺术与审美；3 类课程——根基课程、磨砺课程和适性课程；6 个目标——一个好身体、一种好品格、一种好思维、一手好汉字、一篇好文章、一项好才艺。

学校依据基于政策、彰显特色、强调综合和突出选择的课程设置的原则，规划了课程内容表和课程设置表。种子成长课程设置突出五个整合：

一是三类课程整合。为清晰课程育人功能，我们把课程分为了根基课程、磨砺课程、适性课程。三类课程相对独立又相互联系，既有学科课程目标、学习方式的共同点，又有各自不同的侧重点。但在具体的课程实施过程中这三类课程往往作为一个整体进行推进。

二是学科整合。学科间整合实施，如读书节以语文、英语学科协作推进；艺术节则音乐、美术学科协作推进；跨学科实践活动课程涉及品社、科学、语文、美术等多个学科。科技节则由科学、数学组协作推进；体育节由体育学科、班主任学科协作推进。合唱节由音乐教师和班主任协作推进。

三是时空整合。时间统整留足空间。合理规划学生的在校时间、大型活动时间、课堂时间，给学生自由生长留足时间。根据课程特点实施长短课结合（10＋30＋40＋60 分钟），空间统整立体实施。室内外结合，校内外结合，以十大体验区重构课程空间。

四是校际整合。结合各校区传统优势、场地特点和学生需求，学校的适性课程中心统一设计与各校区自主设置相整合。

五是动静整合。学校构建了"多元丰实　动静相宜"的课程文化，"多元丰实"指课程能很好地满足学生成长的需求，体验多元、收获丰实。"动静相宜"表达一种动与静完美相融，动中有静、静中有动的美好意境。"动静相宜"体现在：课程的发展动静整合（国家课程总体相对稳定趋于静，磨砺和适性课程在实践中的调整趋于动）；指定选修与学生定制课程动静整合；学校提供的课程和个性发展需求的课程动静结合；等等。

3. 课程建设是在实践中不断沉淀丰富的过程

（1）根基课程——校本化实施。

根基课程：重点围绕国家课程、地方课程，培养孩子的基本素养，为孩子的终身发展奠定坚实的基础，使每一颗种子都饱满、健康、充满活力。

明确整体思路：坚持三本原则（以校为本、以师为本、以生为本），向整体规划学科课程、夯实基础、瞄准常态要质效。

学科课程规划：学校教学干部与教研组长进行学科课程的顶层设计，共同进行学科课程规划，由学科教学走向学科育人，让学校的育人目标落地。

提升关键能力。教师是学科规划的建设者和实施者，我们通过研究促进教师把握学科关键能力。学校成立以学科骨干教师为主的语文、数学核心备课组，教师们围绕课程标准、多版本教材、教参和学情进行学期课程纲要、单元知识点能力点、课时核心活动等梳理，通过自主研读—集体研磨—专家点评—团队分享等方式，提升教师备课实效。成立学科核心组，以解决问题为导向，助推教师准确把握学科素养。

课堂落位实施。课程引领课堂，课堂落位课程，课程课堂一体化。着力建设"生态厚实，活力共生"的行实课堂。明确"3155"内涵要素，即"三实一放五学五会"。

改进学习方式，努力让问题引领和合作体验等方式相伴学生的学习。

（2）磨砺课程——整合化实施。

"种子"成长需要经历风雨，历经磨炼，我们研发让学生走向生活、了解社会、解决实际问题的实践性课程，凸显"德"与"能"培养。磨砺课程主要包括：道德体验、阅读漫笔、科技探索、体魄磨炼、艺术实践五大板块。

道德体验课程主要包含行实习惯培养课程、行实品质涵养课程、行实特色滋养课程三部分内容。行实习惯培养课程包括端正坐立、规范书写、轻声慢步、礼貌微笑、礼让排队、收纳整理六个课程内容，以班本课程每学期 4 课时集中实施和日常教学、班级管理随时实施完成。行实品质涵养课程各年级课程内容分别为文明有礼、友爱宽容、诚实守信、乐观自信、勇敢坚韧、知恩感恩，每年级重点落实一种品质培养，通过班本课程途径实施，每年级每学期 8 课时。行实特色滋养课程包括以"守纪节、爱国节、科技节、体育节、诚信节、友爱节、读书节、感恩节、劳动节、艺术节"为主要内容的十大节日活动课程；以每日升旗、每日安全教育、每日种子成长评价为主要内容的每日八分钟课程；以班级文化设计场、班级管理体验场、班级社团活动场、班级爱心体验场、自主成长体验场、学习分享体验场六个微课程为主要内容的班级建设课程以及以班级岗位体验和"一周一班一展示"微课程为主要内容的班级体验周课程。道德体验课程聚焦传统文化、社会主义核心价值观和品行教育，整合各类课程资源，使孩子们在丰富多彩的课程体验中逐步形成健康乐学、顽强自立、求实向善的良好素养。

挖掘学科实践点。磨砺课程中的主题实践活动课程，突出基于学科本质的实践，教研组进行了单双册学科实践点的梳理、计划和主题活动方案的制定，并扎实开展活动。如："春天的希望""夏日的收获""秋天的故事"等跨学科实践课程，学生们在实践中体验着、收获着。

构建数学实践活动课程。数学课程研发团队，在挖掘学科实践点、数学教材实践活动梳理和问卷调研的基础上，进行了数学实践活动课程的开发。目前，已构建了数学主题实践活动课程框架，六大主题贯通一至六年级的实践活动，各小主题的活动内容及与关键能力的对接均已完成。任国芳老师的制作年历卡就是数学实践活动课程时间的奥秘大主题中的课程之一。

十大体验区课程。学校发挥校内十大体验区资源优势，重构课程空间，给学生更大的选择性。构建了十大体验区课程体系，十大主题课程跨学科综合实施，学生在体验中提升综合素养。

利用绿色生态体验区实施的课程有：科学种子计划课程、二十四节气生活课程、草木染课程。其中科学种子计划课程具有"一化四性"的特点："一化"即学习主题内容系列化；"四性"即实践性、体验性、综合性、探究性。几年来，该课程不断发展，逐步完善，已成为我校的特色课程。

阅读体验区是阅读漫笔课程实践的场域之一。阅读漫笔课程主要包括校本阅读课程和体验式习作课程。校本阅读课程，要做到三结合：课内阅读与课外阅读紧密结合，阅读课程与大阅读项目相结合，晨诵微课程与校本阅读课相结合。制定北工商附小必读和选读书目，做实低年级绘本阅读、中年级儿童诗和高年级的经典阅读，探索读物推荐课—读书方法指导课—阅读研讨课—交流评论课—读书笔记辅导课等课型的实施策略，以提升学生的阅读兴趣、方法、习惯和能力。体验式习作课程：构建了"六个三"的体验式习作课程体系。实施中，每周一课时，做到四结合：与语文教学结合；与实践活动结合；与身边的所见所闻结合；与其他学科相结合。在"先体验—再动笔"的过程中，孩子们的习作兴趣得到激发，言之有物、言之有序、言之有情的写作能力得到培养，多彩的体验式习作集用诗歌、连环画等个性化表达方式记录了体验过程中的点点滴滴。

（3）适性课程——特色化实施。

不同的种子有不同的特质，也有不同的发展需求，我们设置促进个性发展的课程，它以丰富多彩的社团形式出现。适性课程分为梦想种子城、文学种子社、科学种子岛、体育火种队、艺术种子营五大社团，属于选修课程。适性课程基于促进学生个性发展，因需开设，以社团的形式实施。

民族鼓乐课程：在各校区学生形成鼓乐技能的基础上，开发民族鼓乐课程。围绕三所完小鼓乐特色：中心小学—民族鼓，太平小学—太平鼓，东沿村小学—花鼓，编辑民族鼓文化校本课程纲要和讲义，分年级逐步实施推进，学生的兴趣浓厚。纸造型课程：纸造型课程隶属于"种子成长"

课程体系适性课程（选修课）中的艺术种子营课程。依据学生需求，开发课程纲要，明确课程目标，确定课程内容。课程的实施分为三大板块：基本技法、临摹练习、创作。课程由浅入深，层层递进。纸造型课程融入传统文化、环保教育因素，培育学生的综合素养。

4. 课程建设是在实践中不断创新变革的过程

管理变革：联动和主动。首先是部门联动。课程建设不能靠单打独斗，一定是团队合作。打破部门壁垒就很重要。德育、教学、党务、工会、办公室都围绕着课程建设做工作，为课程建设服务。一起研究、一起实践，实现部门联动。其次是教师主动。重点工作成立项目团队主动承担，组建有：学科课程规划项目组、课程研发项目组、课程实施项目组、迟希新班主任工作室、德育课程研究项目组、体育节活动筹备项目组、教师节主题活动项目组，行实教师专业发展项目组、党员先锋岗等，老师和干部在不同的团队中贡献自己的力量，将干部教师的智慧嵌入学校历史和血液中去。

教学变革：干部教师的观念和行为在课程建设中改变。课程资源意识在加强，教材、学生、校园体验区、家长、社区、博物馆走进了课堂；课程育人意识在加强，体验分享的方式成为学生在课堂教学活动中的主要学习方式。教师观念的变革，落实于课堂行为更加重要。

评价变革：探索课堂评价，课堂上教学和学习这两种行为，都分别由两个行为要素组成，两种行为以"学"为交集，教的活动以教师为主体，学的活动师生互为主导，习的活动是以学生为主体。整个教学过程的优化，需要关注教、学、习三个维度。我校以"教、学、习"三个维度评价为主的课堂质量评价标准。以此引领教师课堂回归教育的本真，遵循教学的规律。制定行实少年、行实班集体和行实教师课程实施评价标准，形成种子成长课程体系，各部门整合实施，同时发挥展示评价的激励作用，学校搭建各种平台展示学生课程成果。动静结合，多层、多途径展示。

"文化—目标—课程—教学—评价"五位一体的基于学校文化的课程建设，成为我们的实践路径。课程育人是一项系统工程。在学校课程一体化建设之路上，我们刚刚起步，课程框架搭好了，如何深化实施；课程建设关键在人，干部教师专业能力的提升迫在眉睫；如何在课程建设中解决学校教育实践中不平衡不充分的问题……还有很多待研究待解决的问题！但是为每一颗种子提供无限生长充分体验的可能，让每一颗种子朝气蓬勃地生长是我们不断追逐的梦想！我们将在"种子成长"课程建设之路上，且行且思，逐梦前行……

（三）种子成长课程的实施与评价

1. 课程实施

（1）课程实施路径。

根基课程属于必修课程，实施中要遵循以校为本、以师为本、以生为本三原则，做好科学课程规划，依据课程标准和校本实际进行各学科课程的顶层设计，完成学科课程规划，引领课程扎实实施；把握学科关键要素，教师是学科规划的建设者和实施者，学校成立以学科骨干教师为主的语文、数学学科课程实施项目组，围绕课标、多版本教材、教参和学情进行学期课程纲要、单元知识点能力点、课时核心活动的梳理。课程引领课堂，课堂落位课程，课程课堂一体化。着力建设"生态厚实，活力共生"的课堂；改进教与学的方式，通过专家引领—课例研磨等进行学习方式变革项目的研究。课堂上问题引领、合作体验等成为学生喜爱的学习方式。

磨砺课程主要包括：道德体验、阅读漫笔、科技探索、体魄磨炼、艺术实践五大板块，属于必修课程。实施路径以主题实践（学科内实践、跨学科实践）和特色课程方式推进。磨砺课程中的主题实践活动课程，突出基于学科本质的实践，教研组进行了单双册学科实践点的梳理、计划和主题活动方案的制定，并扎实开展活动。如："春天的希望""夏日的收获""秋天的故事"等跨学科实践课程，学生们在实践中体验、收获。特色课程是基于科学素养、阅读素养的重要性及本校学生两种素养的缺失，基于学校科学种子计划课程和校本阅读课程有了一定的积淀，所以学校将科学种子计划课程和阅读漫笔课程作为精品特色课程进行建设，更好地发挥育人功能。

适性课程包括梦想种子城、文学种子社、科学种子岛、体育火种队、艺术种子营五大社团课程，属于选修课程。实施中采取整体规划＋校区自定课程＋学生选修＋时间固定的方式推进。比如：民族鼓乐课程在三至六年级逐步实施推进。三年级，了解中国鼓文化；四年级，学习基本技法；五、六年级，形成演奏能力。三个校区分别有自己的鼓乐特色：中心—中国鼓，太平庄—太平鼓，东沿村—花鼓，编辑了民族鼓文化校本课程纲要和讲义。各校区扎实实施，形成了本校的特色。2018 年 3 月 2 日，我们学校表演的《太平鼓舞》在中国教育频道《传承的力量》元宵节中播出。

（2）课程实施策略。

学校在课程实施过程中采取文化引领的方式，构建"多元丰实　动静相宜"的课程文化，以文化引领课程发展，让学生体验多元、收获丰实，学生是一粒粒亟待生长的种子，不同的种子需要不同的营养成分来滋养，只有"动静相宜"的课程形态，才能更好地为种子生长服务；学校借助项目驱动，依托三个市区级课程项目，引领驱动课程建设；学校在发挥原有课程优势的基础上和进一步打造品牌的过程中带动辐射其他课程的发展，进行优势扩大；重构课程空间，在利用北京工商大学、家长、社会等资源优势的前提下，发挥校内十大体验区资源优势，重构课程空间，给学生更大的选择性。体验区与课程浑然一体，在学生体验的基础上，根据个性化的需求，形成学生个性化定制课程，采取班级定制课程、小组定制课程或个人定制课程的形式，发挥学长制作用，促使体验区生发课程，课程体验随时真实发生，促进学生个性化发展。

学校通过完善机制推动教师专业成长。构建"教研修"一体化机制，研修内容引领教师聚焦课程育人，利用微信群进行课程认知的交流，利用教研组进行课程实施的研究。构建教师专业引领机制，学校为发挥校内高级教师的辐射引领作用，成立了行实教师发展指导委员会，明确提出委员会委员要完成"三个一"，即主持一项区级以上的科研课题；带好 1~2 名青年教师；每学年做一次不少于 30 人的讲座。委员会每学年组织一次行实教师发展主题论坛，每学期进行了一次学科专项督导。课程成果展示机制，学校搭建各种平台展示学生课程成果。动静结合，多层、多途径展示。如：班级内展示，年级课程展示，校内一周一星一展示、一周一班一展示、一周一团一展示、体育节、艺术节、读书节、阅读嘉年华、体育每月一赛等等，并利用校园广播、学校微信公众号、校园网、作品集等多种途径展示；建立课程管理保障机制，学校立足种子成长课程发展，组建课程建设领导小组、发展中心、校区课程实施管理小组，使课程建设推进网络管理，对课程建设的全程进行管理并提供保障。

2. 课程的评价

（1）种子成长课程中对教师的评价。

课程评价是推动课程教学的重要法宝。科学的评价系统能够促使学生实现全面发展，促进教师的专业成长和教学质量的提升。学校教师课程实施评价标准，从课程纲要、实施过程、发展绩效三个维度对教师的课程实施进行评价。课程纲要主要包括课程目标是否明确，内容是否有思考，在课程的组织方面是否有资源意识和整合实施意识，实施途径方法是否具体、可操作，课程评价理念是否先进，评价方式是否科学、有创新。实施过程包含课程是否严格执行课时计划，确保学时总量；课堂教学效益的高低及学生学习兴趣是否浓厚；课程实施过程中能否充分挖掘利用各种课程资源，有效运用于教学过程中；教师是否积极参与课程培训、研修活动，是否主动承担任务，勤于反思，乐于交流；教师能否根据教学内容，有计划地采取灵活多样的方式进行教学质量评价。发展绩效包括学生学业成就及教师自身专业发展情况。通过对教师进行课程实施的全过程评价，能够帮助教师对自身教学状况进行有效的反思改进，进一步提升教学质量。

（2）种子成长课程中对学生的评价。

对学生的评价，要聚焦核心素养和"六个一"具体目标标准，根据学生喜欢的"种子印"，构建"种子印"评价表彰机制。定期表彰行实少年，发挥评价激励作用。评价离不开目标，学校通过探讨对核心素养的校本化表达，进一步明确了育人目标，即"让每一颗种子朝气蓬勃地生长"，基于对学生们朝气蓬勃样态的期许，确定本校学生核心素养：健康乐学、顽强自立、求实向善。将核心素养具体细化为"六个一"的显性目标，即一个好身体、一种好品格、一种好思维、一手好汉字、一篇好文章、一项好才艺，形成了"六个一"目标体系。其中健康乐学、顽强自立、求实向善是成长维度，"六个一"是校本核心素养，这些构成了学校的德育总目标，并根据学生不同的年段特点，制定了年段德育目标。

评价的具体呈现形式主要通过"种子印"来实现，老师会根据目标标准，每学期末进行一次综合评价，评价合格者即可得到相对应的种子章。例如在"一个好身体"评价项目中，评价合格者即可得到"健康"种子章；一种好品格——"四好品格"种子章；一种好思维——"会思考"种子章；一手好汉字——"汉字段位"奖章；一篇好文章——文学种子奖章；一项好才艺——艺术种子奖章。具体而言，例如，在一种好品格评价项目中，评价任务是：每天整理自己的书包，收拾自己的房间；每周帮家里做一次力所能及的家务；每学期做一次公益活动；每学期能克服困难解决一个问题。采取的评价策略是：此评价与"一个好身体、一手好汉字、一篇好文章、一项好才艺"的评价相结合；在学科教学及各项教育活动中突出对"顽强、自立、求实、向善"品格的评价；在磨砺课程——综合实践类课程中的评价。通过教师评价、学生自评、学生互评的方式，每学年进行一次评价，颁发"四好品格"种子章，六年可得到 4~6 个，最后一年为达标必须得到相应数量的种子章。通过"种子印"评价表彰机制，实现学生从他评到自评、从他律到自律的自主成长过程，充满着教育的内生力量。

房山区良乡中心小学自开发与实施种子成长课程以来，在专家指导以及教师们不断尝试与改进的过程中，课程改革的思路更加清晰，课程体系更加完善，课程实施的路径更加扎实，课程评价更加优化。在课程实施过程中，素质教育的诸多元素得到良好体现，如体育、艺术、品格修养等，促进了学生全面而有个性地发展。同时，种子成长课程的开发与实施，也促使教师不断学习与创新，更新自身的教育理念和教育方法，不断创新课堂组织形式和评价方式，帮助学生提升核心素养，推动了教师的专业成长。与种子成长课程相配套的丰富有趣的主题实践活动和社团文化，为学校教育带来了蓬勃发展的活力。

同时，种子成长课程还存在一些亟待解决的问题，例如，如何组织课堂活动，如何进一步提升课堂育人的质效；如何使课程的评价更加科学。今后要更加深入实施种子成长课程，探索一体化推进的有效策略，形成学校课程品牌；进一步探索种子成长课程评价的策略，引领助推学生核心素养的形成。"路曼曼其修远兮，吾将上下而求索"，教育是一个静待花开的过程，我们将持续静心、精心地守望和培育，期待每一粒小种子都能健康成长、享受成长、幸福成长。

四、项目学习，激发活力

（一）问题提出

1. 如何将"种子成长课程"进一步落位和深化

进入 21 世纪，北工商附小在国家课程建设指导与市区教育发展规划的引领下，结合学生全面发展需求，挖掘学校教育教学资源优势，历经多个发展阶段，努力实现在学校课程建设发展过程中促进学生发展的目标。

将"种子成长"课程作为促进学生全面发展的载体。根据小学教育启蒙性的特点，将每个孩子看成一粒种子。"种子成长"课程是指基于学校"让每一颗种子朝气蓬勃地生长"的育人目标和课程目标，依据"种子成长"的需要及种子的精神、特性，从根基课程、磨砺课程、适性课程三个层面构建的适合"种子"全面而有个性成长的课程。根基、磨砺课程属于必修课程，适性课程属于选修课程。三类课程从扎稳根基、经历磨砺到长成自己的样子，整体实施促进每一粒小种子全面、个性发展。

无论是课程建设发展到哪个阶段，无论是哪一类课程，我们都重视将"体验"的思想融入其中，凸显"实践中体验，体验中成长"的理念。如何将体验实践的学习方式在三类课程实施中做深、做实，不只停留在某一个教学活动中？如何基于学校实际，找到课程深化新的生长点，是我们的所思所想！

尤其是磨砺课程主要针对孩子的道德和能力进行培养。如果将学校内的环境资源划分为十大体验区，每个体验区都有不同年级的学生进行学习，直至孩子六年小学生活结束，那么该方案十大体验区课程结束。仅满足于走走看看说说，总感觉孩子们没有深入地扎进去，学习形式也是浮于表面。如何能够利用校区资源，改变学习方式，让孩子们的学习真实发生，有更多的实际获得，是我们必须要解决的问题！

我们想到了项目式学习：项目式学习（Project – Based Learning，PBL）是一种教学方法，通过一个待解决的问题激发学生主动学习。学生参与选择、计划、提出一个项目构思，通过实践和展示等多种形式解决实际问题。"项目式学习"让学生在完成一个"项目"的过程中学习运用多学科知识、全方位锻炼 21 世纪核心素养，并培养社会责任心、树立价值观。项目式学习和传统式学习相比，能有效提高学生实际思考和解决问题的能力，使学生掌握学科知识并培养社会情感技能。

基于对项目式学习的了解，我们认为它就是解决我们问题的途径和载体，是对体验教育的有力深化和理性提升，是解决课程建设深化的有力方式。项目式学习的核心理念解决真实问题，也是对我校"行于实，方乃成"办学理念的践行。

2. 如何更好地培养学生综合素养

我们的教育改革一直没有停步，全都指向的是让孩子们有实际获得。从以教为主和以学为主转变为以育为主。孩子们需要这些综合素养的提升：克服困难的勇气、坚强的意志品质、与同伴合作交流的方法策略等等。而项目式学习就是当前学习方式的一个重要补充。包括学科内综合和跨学科综合的项目。项目式学习的五个基本环节依次是选择项目、设计方案、完成项目、交流展示、评价改进，其典型特征是综合性、复杂性、实践性、开放性、体验性等。项目式学习是一种以学生为主体，链接真实世界的事件，在一段时间内，团队共同解决一个复杂问题或完成一项综合性任务，学生经历全过程，通过亲身体验、深刻理解来获得核心素养发展的一种学习方式。高质量的项目专注于核心概念，反映学科核心内容与外部世界的关联，是强调真实性、应用性、逻辑性的学生主动学习。学生可以在这个过程中得到多方面的锻炼和培养。

3. 如何提升教师专业水平，适应新时代教育工作的需要

当下，教师的研究能力比较薄弱，对学科核心素养的理解还有待加强，师生关系、班级管理等问题给教师带来很多压力，尤其是教师的职业倦怠问题，都是困扰教师专业发展的瓶颈。观念转变才会带动行为转变。开会、讲座、培训固然重要，但是，如果有这样一个载体，让老师们和孩子们亲身参与，真正地做起来，在做的过程中看到学生的变化，从而实现转变教师观念和行为的目标，那么这个载体非常重要！而项目式学习，正是一种让教师参与学习研究实践，改变传统以教为中心的理念，转变到以学为中心的教学理念和教学方式。教师通过项目式学习，掌握了项目管理能力，学会制订计划、管理与评价。也在与学生共学的过程中，在开展实践探究的过程中，深刻理解学科核心理念，与学生建立和谐的师生关系，促进教师专业能力的提升。

项目式学习，成为直面我们在教育工作中解决问题的载体。

（二）研究实践

1. 项目启动

专家培训。2019 年 2 月 22 日，我们组织了 90 名干部、骨干教师、组长教师进行学习培训。我们请到北师大秦主任作为培训专家，为大家上了一天的培训课程。从项目式学习的缘起到如何提出一个核心问题、项目式学习包含多少个基本环节，让老师们对项目式学习有了初步了解。但是也出现了这样的情况：由于绝大多数老师是第一次这么详细地了解项目式学习，尽管一天的培训很精彩、大家也都能积极参与，但是，如果真的付诸实施，大家还是感到很困难。尤其是核心问题的提出，让大家无从下手。这对大家以往的思维方式提出了挑战。改变和优化思维方式，从我想让学生干什么，变成学生需要解决的真实问题；从老师出发的给变成从学生自身出发的要，这一要一给之间，是教学观念的变化，恰恰是这种观念的变化，改变学生的学习方式，挑战教师的固有思维。所以老师们对项目式学习说：想说爱你不容易。

制定方案。按照整体设计，分步实施，分层推进的思路，学校制定了工作方案。

健全组织。依照方案，组建项目式核心组，规定核心组 10 人参加，李校长亲自主持并参与研究活动，我们采取小步走的策略开展研究。

2. 确定核心问题

准备就绪，10 名核心组成员开始了选题工作。受思维的局限，老师们能想到的主题不多。还要在已想出的主题中选取、斟酌出驱动问题，经过几次调整，老师们呈现出这十个主题：

序号	校区	项目负责人	年级	学科	学习主题
1	中心	宋艳男	三	数学	年历背后有哪些奥秘呢
2	中心	田平	二	语文	低年级的小学生怎样读好课外书呢
3	中心	孟祥川	四	语文	我给城市美美容
4	中心	王宁宁	六	语文	怎样让同学们喜欢上读《三国演义》
5	中心	孙艳	五	品社	端午文化知多少
6	中心	李莙佳	各年级	音乐	关于红歌你了解多少
7	中心	李英	各年级	英语	我和家人去旅行要做哪些准备呢
8	太平庄	杜玲玉	三	跨学科	探秘年月日
9	太平庄	戴宝丽	各年级	英语	英语学习能力与学习方法和生活实践有关系吗
10	东沿村	侯春艳	各年级	跨学科	悦耕小院的果实成熟了吗

这些主题都是从教材中来的，是以学科实践活动为依托提炼出来的。从这儿能够看出来，此时我们是为了研究而找的内容，或者搭载在学校其他方面工作基础之上。再看这些主题本身也并不科学，我们心里明白，却

不知如何产出，此时，李校长发话，不能再纠结于此了，形式上的问题先放一放，还是实施要紧。

在 5 月 17 日的专家入校指导时，秦教授提到，在学习中，要基于核心知识，培养学生高阶思维、学以致用的能力。回看我们的主题，是不是基于课程标准？是不是涵盖了学科知识？于是，就有了这样的调整：探秘年月日——作为中国冬奥会宣传员，如何制作一份体现中国农历特点的台历，以此向人们介绍不一样的 2022？悦耕小院的果实成熟了吗？——如何做一名小小园艺师？

3. 项目实践活动：以《小小园艺师》为例

（1）提出问题

还记得那是在 2 月 22 日的培训上，秦教授让我们每个组找一个真问题。我们组的老师不约而同地想到了这个瞬间：在我们的一个新校区，学校还在建设之中，教学楼旁边有一片空地，后勤师傅抽空进行了整理，种植了菠菜、油菜、西红柿等蔬菜。因为地下埋了大量的建筑垃圾，蔬菜的长势并不好，2018 年的深秋，菠菜、油菜等都没有了，几颗枯萎的西红柿还长在那，有一天上完操，我们发现有一个孩子就进了地里，弯腰捡起一个东西。我们几个老师感到好奇，就追过去问他。原来他捡了一颗小小的西红柿，他看到这儿的西红柿比平时见到的小，颜色也不是很红，之前听妈妈说过，市场上的西红柿都是催熟的，咱们的西红柿熟没熟？能不能吃？孩子这种好奇心一直感动着我们。

此时我们想的就是，我们这个就是一个真问题。能不能就把这个作为一个项目呢？我们的想法最终得到了秦教授的肯定，到现在我仍然清晰地记得老师在我们进行小组展示时的骄傲与自豪呢！就这样，最初的研究主题就确定为《悦耕小院的果实成熟了吗？》。项目负责人就是劳技学科的老师，因为处于尝试阶段，学校要求她根据情况自选一个班进行研究。

随着对项目式学习的深入学习，我们知道最好的驱动问题是没有标准答案的，"如何""若何"类的问题是最科学的。此时我们的想法也在发生着变化，决定以项目式学习为载体，推进学校农耕特色建设。于是，

"如何做一名小小园艺师"的驱动问题，抛给了全校的师生们。师生们拿到任务后首先想的是，我能做什么？再想，怎么做呢？想到了老师、想到了同伴，这样，大家积极主动地进行研讨。确定好种植物以后，各班还起了满满正能量的主题名称呢！

班级	植物名称	负责人	班级主题
一（1）班	勋章菊	陈红如　张傲	一花一世界
一（2）班	石竹	王婧彬　崔红贺	花儿与少年
一（3）班	蔷薇花	刘松　李翠芳	一蔷薇香
一（4）班	半枝莲	刘彦　刘广仁	阳光少年快乐绽放
二（1）班	四季梅	安翠微　侯春燕	梅开四季
二（2）班	串红	白秀平　王云龙	九月串红红艳艳
二（3）班	向日葵	刘丹凤　侯珊妹	向阳花开
二（4）班	小雏菊	戚琳琳　陈涛	种太阳
三（1）班	黄瓜	史书影　潘红军	舌尖上的胖娃娃——黄瓜
三（2）班	香菜	周春霞　崔春秋	走进香菜王国
四（1）班	紫扁豆	朱晓梅　宋春英	小豆角大滋味
四（2）班	丝瓜	张燕辉　史春莹	婀娜多姿的丝瓜
四（3）班	朝天椒	李春香　邢晨	天天向上
五（1）班	花生	李颖　李淑清	天生我材必有用
五（2）班	玉米	许爱如　魏书会	玉粟金秋
六（1）班	芝麻	郭云杰　蔡新红	芝麻开花节节高
六（2）班	黄豆	姜静　蔡新红	"豆"志昂扬

（2）实践活动

第一阶段：种植准备。

土壤：利用科学课做土壤结构的实验，初步确定种植物的种类。实验证明我校的土壤属于壤土，适合大多数花卉和蔬菜的种植，并通过走访有经验的老农得到证实。

分组搜集资料：项目开始前，根据学生的性格特点进行分组，每个小组让孩子起个自己喜欢的名字，各组负责不同内容的准备工作，如种植物的特点、管理中要用的农具、农具的使用办法、种植的注意事项、各个环节如何操作……每名学生都有任务，大家可以通过翻阅书籍、上网查找或者询问长辈等多种方式，搜集相关知识、学习相关技能，然后自愿选择汇报形式，PPT、文字、手抄报等多种形式均可。通过收集、整理、分享，每名同学都了解了本班所种植物的特点、生活习性，认识了农具，了解或体验了农具的使用方法，等等。

第二阶段：种植实践。

松土：种植前，要对种植箱进行基本清理。由于种植箱面积的限制，孩子们分组、分工发动浇水、除去杂草、平整土地等工作。在松土小组活动过程中，由于工具土壤等多方面问题，老师和学生们齐动手去揉搓土块。虽然小手脏了，但是他们真是发自内心的高兴，看他们那一张张笑脸，就能想象到当时他们有多开心，他们感到了劳动的快乐。

播种：在孩子们搜集资料的时候，他们已经了解到了简单的种植方法有散播、条播和点播。比如，香菜要散播，黄瓜要点播，芝麻需要条播。根据本班选择的种子特点进行播种。孩子们在学校真正体验到种植的整个过程，掌握了种植流程。

田间管理：有老师这样总结，校园里有三景：一景——早上，每班有一个小分队提着小喷壶去浇水。二景——课间操结束后，孩子们三五成群地绕道来欣赏自己班的小苗，看看有没有虫子、该不该去除杂草、需不需要肥料……三景——下午课外活动结束，孩子们来寻找小苗有啥变化，并做好记录，顺便和小苗说再见。虽然有时也很累，但是看着自己种植的蔬菜、花卉、粮食一天天长大，学生们常常流露出发自内心的喜悦。种植箱，成了我们校区里一道美丽的风景线。现在校区的孩子个个都是小小农艺师，他们清楚地知道，什么时候浇水合适，怎么浇更利于植物吸收水分，什么时候施肥，什么样的苗该剪掉。

（3）成果展示

7月来临，产品体验会如期召开。秦晓虹教授再次走进学校，分享孩子们的幸福。

孩子们在整个种植过程中的作品——展出：记录小苗生长的观察日记、记录孩子种植心情的体验习作、植物画像……其间老师为孩子们留存的影像资料更是让大家百看不厌。

黄瓜、香菜、豆角、丝瓜、辣椒蔬菜类都有不同程度的收获，学生通过多种途径，了解了这些作物的食用方法，在老师、家长的指导下制作出美食，虽然有的只是菜品中的辅料，但是，孩子们还是异常高兴。

看着孩子们带着自己小组的产品津津有味地讲给同学、老师听的时候，我们能够感受到孩子们接受反馈、与同伴对话、深入分析、反思改进等方面的能力自然地流露出来。

然而我们最开心的是有意想不到的收获。虽然这意想不到的收获，只有我们这些当事人的分享，但依然是心灵深处最美的回忆。

友谊田——

真的是时光飞逝，六年级孩子的芝麻和黄豆还未"成年"呢，孩子们就要毕业离校了，怎么办？当我们找到班主任交流这事的时候，班主任说，别担心啦，明天仔细观察一下是谁在照顾小苗？原来，孩子们自己想办法了，由五年级各班一对一地接手对芝麻和黄豆的管理。友谊田的名字就此诞生。

香菜汤——

小苗在孩子们的照顾下，慢慢长大，三（2）班的香菜宝宝经常散发着淡淡香气。从小苗长出来的那天就有四十个小鼻子每天去那里闻一闻，如果你也去闻一下，感受一下香菜的味道，那从此你一定就是四十个小学生的知心人了。

在播种这个小小的环节中，我们的老师是这样操作的，分给每个孩子十来颗种子，让大家都体验，老师的想法和做法都特别好，但当小苗长出后发现疏密不均匀，学校的技术指导员，提示一定要间苗，当孩子们知道什么是间苗的时候，都不乐意了，在他们看来拔掉的绝不仅仅是一颗颗的小苗呀，那是长在他们心里的小生命呀！怎么解决这个问题？

班主任老师把这个困难抛给了孩子们，于是，孩子又提出了这些问题：香菜能不能移栽？香菜什么时候成熟？香菜的根部可以吃吗？面对孩子新的问题，老师没有轻视，站在孩子的角度，准确思考，把握住了这一突发机会，进行了科学的引导。老师说："提出这些问题的同学能给大家讲讲为什么吗？是什么让你有了这一系列的问题？""如果香菜能够移栽，那有一些小苗就能继续成活下来！""如果香菜和白菜一样不存在成不成熟的问题，那小苗现在就能发挥它的价值！""如果香菜的根部可以吃，或者有别的用，那小苗就能发挥更大的作用！"听着孩子们的回答，老师笑着说："看来大家的思考真的很主动、很深入，孩子们，那咱们快想想怎么解决这些问题吧！"

孩子们又行动起来了，网上查阅资料、采访科学老师、打电话给农村的爷爷奶奶……最终的结果是部分孩子成功移栽了部分小苗，在学校的劳技教室提前体验了西红柿鸡蛋汤的做法，分别品尝了没有香菜和有香菜的西红柿鸡蛋汤。我想这碗汤喝进了孩子的肚子里，更喝进了孩子的心灵深处。也许这将是他们喝过的最美味的汤汁。

按照常理，我们想的是香菜的种植与管理，想的是孩子的全过程参与和体验。然而，意料之中固然美好，意料之外让我们更加欣喜，这世界之所以奇妙，就在于你不知道一粒种子会开出什么样的花，花香又会吸引谁，让谁为之着迷！

种植活动中，孩子们了解了植物的生长规律，对自然科学产生了浓厚的兴趣，认识了很多蔬菜，了解了一些常见蔬菜的名称、长相、生长特点，也知道了种植的一般流程。孩子们不仅学会了观察，提高了动手能力，而且能够自己发现很多问题，自己主动去寻找答案，会互相讨论，会翻书查资料，会上网找答案，会询问自己的长辈，会请教学校的科学教师，等等。孩子们在活动中不断成长，积累了很多学习和生活的经验。

在项目实施过程中，孩子们如同一颗颗小苗，不仅学会了学习，有了责任和担当，有了科学探究的精神。这提升了学生的文化素养，促进了校园文化建设，丰富了校园文化生活。

其他的几个项目也在有条不紊地实施着。

（4）评价改进

这些项目之所以能够顺利地实施，离不开专家的引领。

在专家的评价和建议中，我们坚定了信心，找到了改进的方向。比如5月17日，聆听完专家的建议后，《小小园艺师》项目中各班的评价进一步完善。老师的评价涵盖学习的投入程度、包括专注度、参与的深度和广度、评价学生小组内分工、合作水平、给团队的贡献程度、继续学习的愿望等。

评价标准		自我评	同伴评	教师评
参与合作态度	A级：积极与他人团结协作	☆ ☆ ☆ ☆ ☆	☆ ☆ ☆ ☆ ☆	☆ ☆ ☆ ☆ ☆
	B级：能与他人协作	☆ ☆ ☆ ☆ ☆	☆ ☆ ☆ ☆ ☆	☆ ☆ ☆ ☆ ☆
	C级：基本能与他人协作	☆ ☆ ☆ ☆ ☆	☆ ☆ ☆ ☆ ☆	☆ ☆ ☆ ☆ ☆
发现探索问题	A级：善于思考，能发现并解决活动中的问题	☆ ☆ ☆ ☆ ☆	☆ ☆ ☆ ☆ ☆	☆ ☆ ☆ ☆ ☆
	B级：能按要求解决活动中的问题	☆ ☆ ☆ ☆ ☆	☆ ☆ ☆ ☆ ☆	☆ ☆ ☆ ☆ ☆
	C级：完全依靠别人解决问题	☆ ☆ ☆ ☆ ☆	☆ ☆ ☆ ☆ ☆	☆ ☆ ☆ ☆ ☆
活动过程	A级：积极参与活动，按老师的要求，主动地、很好地完成小组安排的任务	☆ ☆ ☆ ☆ ☆	☆ ☆ ☆ ☆ ☆	☆ ☆ ☆ ☆ ☆
	B级：能参与活动，按老师的要求，很好地完成小组安排的任务	☆ ☆ ☆ ☆ ☆	☆ ☆ ☆ ☆ ☆	☆ ☆ ☆ ☆ ☆
	C级：参与活动，按老师的要求，不能按要求完成小组安排的任务	☆ ☆ ☆ ☆ ☆	☆ ☆ ☆ ☆ ☆	☆ ☆ ☆ ☆ ☆

	评价标准	自我评	同伴评	教师评
成果 评价	A 级：精心完成手抄报、生长记录完整，能用通顺连贯的语言描述活动	☆ ☆ ☆ ☆ ☆	☆ ☆ ☆ ☆ ☆	☆ ☆ ☆ ☆ ☆
	B 级：能完成手抄报、生长记录完整，能用语言描述活动	☆ ☆ ☆ ☆ ☆	☆ ☆ ☆ ☆ ☆	☆ ☆ ☆ ☆ ☆
	C 级：手抄报完成不精致、生长记录不完整，不能很好地用语言描述活动	☆ ☆ ☆ ☆ ☆	☆ ☆ ☆ ☆ ☆	☆ ☆ ☆ ☆ ☆

4. 展示评价

整个项目工作的开展更是离不开专家的引领、评价。专家们的每次评价都充满激励性、导向性，让我们茅塞顿开。先后有两次展示汇报：

（1）中期汇报

5 月 17 日，秦教授与许惠英、黄旭升三位专家入校指导。

第一阶段，田平、宋艳男、李智佳三位老师分别进行了语文、数学、音乐的课堂教学，向大家汇报项目式学习的阶段性成效。第二阶段。三位老师以及杜玲玉、侯春艳两位教师分别将自己在上一阶段的学习与思考、疑问与困惑及后续的研究设想与专家进行了交流。

随后，专家们首先肯定了五个项目老师们的实践过程，提出我们要从课程的实施者变成课程的开发者和设计者。角色的转变需要我们不断地学习和努力，敢于挑战自己，乐于相信学生。

许惠英教授建议我们做项目要会请进来走出去，要懂分享会学习，利用区域优势做出自己的项目特色。西城区教研中心黄旭升教授则指出：在项目式学习中应该做好"解决"与"产出"的关系。"解决"什么问题，"产出"什么成果。教师在确定主题时，应该考虑多学科、跨学科进行，主题确定的越小，可操作性越强，越容易实施。

北师大秦晓虹教授从为什么要做项目式学习、项目式学习的评价标准和如何去做评价三方面为我们做了详细的指导。

（2）期末展示

2019 年的 7 月 10 日，项目式学习阶段总结交流如期进行，秦晓虹主任全程参加了我们的活动。田平老师的《春天在哪里》、李誉佳老师的《红歌唱起来》、太平庄校区杜玲玉老师的《在探索中成长，在成长中发现——作为中国冬奥会宣传员，如何制作一份体现中国特色的台历?》、中心校区宋艳男老师《年历背后有哪些奥秘?》、东沿村校区《小小园艺师》5 个项目式学习案例进行分享。

孩子们投入的汇报分享，一份份过程性资料的展示：手抄报、植物生长日记、小视频。家长的参与、老师的投入，孩子的获得，让在场的每一个人都充满了感动，一个想法的改变，一个学习方式的改变，就带来了如此多的变化和欣喜。

秦主任给了我们充分的肯定，实践中不断完善的思路是对的。专家们一次次的跟进指导，我们从对项目式学习的"一知半解"到"实践中探索"，再到"走上正途"，一路学习一路研究。我们真正走进了项目式学习，尤其是看到孩子们的变化，让我们真正爱上了项目式学习。没有专家的一路相伴，就没有我们对项目式学习的了解和实践。

5. **课题跟进**

2019 年 9 月新学期伊始，我们有了新的思考。全员、全学科教师人人参与，每个学生都会参与一个项目式学习。由年级组长牵头，各科教师根据学科特点和自身优势参与基于项目式学习的主题式研究。

序号	校区	项目负责人	年级	课题
1	中心	刘海燕	一年级	影子我的好伙伴
2		杨桂玲	二年级	乘法口诀在生活中的应用
3		李颖	三年级	我给生活提建议，我让生活更美好
4		宋艳男	四年级	我是小导游
5		刘国华	五年级	基于房山红色资源优势的爱国主义教育实践
6		王宁宁	五年级	走进植物园
7		杨会娟	六年级	校园的墙壁会说话
8	太平庄	贾倩颖	低年级	低年级汉字积累和识字方法的运用
9		高丽伟	中年级	小学生作文素材的积累与个性化表达
10		刘君雯	五年级	民族传统体育融入小学课程中的实践与研究
11		游良舫	六年级	二十四节气与小学语文教学实践的结合
12	东沿村	侯春燕	全 体	小小园艺师

各个课题经历了"创设情境，选定项目——小组合作，制定计划——收集信息，活动探究——作品制作，进行实践——成果展示，分享交流——活动评价，教师总结"几个阶段。学生通过在项目制作过程中的研究、分析、获得学科知识，培养学生多方面的能力及高阶思维，从而实现了深度学习的转变。通过实践我们还发现与传统的课堂相比，项目式学习在课题的引领下，更加注重跨学科整合知识的应用。

10 月 21 日，北京师范大学桑国元教授率领 PBL 专家组再次走进我校，首先考察了东沿村校区的劳动实践基地，听取《小小园艺师》项目的推进情况。王宁宁老师代表大家展示了《走进植物园》项目的第六阶段的活动，《美丽共赏——设计导游词》。

这个项目的选题基于三点：一是学校的绿色生命体验区，二是五年级学生新增植物图鉴课程，三是语文统编教材的全面推广，新教材更加注重学习方式的变革以及充分利用身边资源，为学生的口头表达能力和书面表达能力发展助力。基于这三点设计了这样的驱动问题：如果我来当植物园的小导游，要给客人介绍哪些方面的知识呢？是大家都看得见的，还是一些不被人们所熟识的？围绕驱动问题，设计了七个阶段的活动：

活动一：认识植物——孩子们跟着科学教师崔老师认识植物的课程体验。

活动二：植物"深度探秘"——学生利用在信息课上所学的知识，制作了PPT，并在课堂上进行了对植物认识情况的交流。

活动三：绘制植物图鉴。

活动四：助力植物生长之"迷"——建造植物大棚的闫老师以及总务处的李主任和孩子们探究大棚的设施，指导孩子操作了高压喷雾装置。

活动五：绘制"植物之家"——绘制植物园平面图的美术课程。

活动六：美丽共赏——设计导游词。

活动七：今天我是小导游——最后是实践课程。

通过课堂实践和老师的汇报，桑国元教授认为我校的教师在 PBL 实践上已经取得了可喜的成就，应树立充分的自信。

有了专家的肯定，看着孩子们在学习上深度参与的劲头以及强烈的探究欲望。另外两个以体验区为载体的项目《探寻身边的红色文化》《探秘传统文化体验区》也顺利推进，三个项目在我们区的督导评价中进行展示，得到督导组的一致好评。

（三）拓展延伸

一年来，在对项目式学习不断地认识、实践、反思过程中，我们将项目式学习的理念、策略运用到学校管理、班主任工作、学科实践活动中，让学校发生改变。

1. 项目式学习理念走进学校管理

基于真实问题的项目式学习，我们把它用在了学校管理中。学校中每天都会发现、解决问题，干部们每天忙得不亦乐乎。如何能够聚焦一个问题，集中力量研究解决，经过一段时间的实践之后，我们看见了效果。我们所有管理人员都确定了自己的项目管理内容，周期为一个学期，期末进行展示交流。下面是项目管理统计表。这样的管理，可能并不完全是项目式学习的流程，但是针对学校存在的真实问题开展的研究，让管理工作更聚焦实际问题，具有了研究的味道。干部由处理问题变为研究问题，由一个人变为和老师们一起改变，思维方式的改变，让学校工作更深入推进的同时，干部和教师的关系也更和谐了。

北工商附小干部"项目管理"统计表

序号	职　务	姓　名	项目管理内容
1	校长	李庆华	基于项目式学习的实践与探索
2	书记	梁丽敏	红色种子党建品牌的推进与深化
3	教学副校长	霍桂琴	问题引领数学学习的实践研究
4	德育副校长	张锦辉	班主任工作室
5	办公室主任	肖蕊	学校公众号平台宣传力度的提升
6	教学主任	张凤敏	（1）中心校区"十大体验区"实施策略探索 （2）提升学生阅读素养策略研究
7	教学副主任	王立新	基于网络学习空间的改变学习方式研究
8	教学副主任	孙立军	数学学科实践的实施策略研究
9	教学干事	赵淑英	语文学科实践的实施策略研究
10	德育副主任	常玥	依托科技活动提升学生科学素养
11	德育干事	王春艳	金帆书画院
12	总务后勤主任	李二明	提升后勤人员业务素质
13	办公室干事	郑德新	依托体育活动，提高学生运动技能
14	太平庄校区主任	景红艳	校区文化推进（跟进）
15	太平庄校区教学副主任	田颖	党建文化
16	太平庄校区德育副主任	安月娟	依托班主任工作室"四个一"活动提升教师育德能力

序号	职 务	姓 名	项目管理内容
17	太平庄校区教学干事	孙金艳	"民族体育与传统文化相融合"区级课题推进
18	总务干事	张海龙	校区花样跳绳推广
19	东沿村校区主任	邢晓梅	在常规工作中提高党员意识，充分发挥党员的先进性
20	东沿村校区教学副主任	张金凤	学生阅读能力提升

2. 项目式学习策略走进班级文化建设

班级文化建设是学校文化理念落地生根的重要领域，班主任老师在班级文化建设中也运用了项目式学习的方法，把班级文化建设做得有声有色。我校董建梅老师在制作班级文化标识时，就组织孩子开展了一次项目式学习。落位班级文化建设的实施，让学校"行实文化"扎根于班级文化建设之中，依据班级特点，进行特色班级文化的建设，充分发挥学生在班级中的主体地位，鼓励学生在参与班级文化的建设中，通过问题驱动的方式，从班级文化理念的解读、文化标识的制作、文化标识的评选与改进、文化标识的确立、文化标识创意物品展五个阶段，引导学生在团队合作中，形成统一、正确的价值观，培养审美情趣，增强班级凝聚力。除此之外，在鼓励家长参与探究过程中，增强家长对学校文化、班级文化的理解与认同，对班级文化建设有至关重要的作用。展示班级文化标识及物化产品，如：班徽、书包贴、班旗、班级评价、LOGO等。

3. 项目式学习走进学科教学

项目式学习是基于真实问题的学习，这样的学习更有意义，更有意思。基于真实问题，才会让孩子们进行深度思考，进而促进其高阶思维能力的培养。教师们在进行课堂设计时，从想教材，想教参，想自己，变成了先想孩子：孩子的问题在哪儿？这节课研究的是什么问题？基于这样的思考，我们的课堂发生了改变：二年级数学第三册、第二单元和第五单元的内容都是"乘法口诀"，老师们发现这样的编排，孩子没兴趣。于是，老师们深入研究了两个单元的核心点，并在学生中进行了调研，编口诀，按照为什么、是什么的思路提出问题。有的孩子说：为什么口诀编到九九八十一呢？有的说为什么没有 10 的口诀呢？有的说为什么六七四十二呢？调研中孩子们的真实疑惑成了老师们的上课内容。大胆整合教材之后，教师们根据孩子们的问题设计了教学任务，两节精彩的基于问题的数学课应运而生。

4. 项目式学习走进数学学科实践活动

每个学科都有 10% 的学科实践活动课时，让这些课时怎样发挥作用是关键。我们更多地采用项目式学习的方式实施。把一次实践活动做成一个项目式学习，让孩子们经历一个研究的过程，主动学习，合作学习，深度学习。如：王艳华老师在六年级数学比和比例单元的学习中，设计了"如何更好地了解影子文化，呈现影子的'生活化''科学化'和'应用化'呢？"围绕这样的核心问题，带着孩子们以《小影子大学问》为主题进行了项目式学习研究。

（四）反思感悟

一年来，项目式学习的实践，无论是在老师的教，还是孩子们的学，无论是在课程的深化，还是学校管理，项目式学习无处不在，这种基于真实问题的思考方法正在让我们的学校发生着变化……

学生在变。孩子们在老师的引领下，专注地研究问题，多样的学习方式增强了孩子们的学习兴趣，实实在在的学习过程，让孩子们的实际获得最大化。孩子们在与家长、教师、同学的交流、合作、访谈中，增长了自信，学会了互助，有了克服困难的勇气，孩子们更加主动学习，思维的深刻性、开放性得到培养，综合素养得到提升。

老师在变。"辛劳可以博得同情，专业才能赢得尊重"的思想得到老师们的认同。项目式学习的实践，给教师带来了专业上的发展，增强了自信。研究氛围日渐浓厚。老师们发现问题、研究问题的意识有了，研究即工作，工作即研究的状态有了。无论是课间，还是教研，不管是楼道，还是会议室，听到的都是对问题的解决办法的讨论。侯春燕老师是一个普通的劳技学科教师，参加项目组一年来，从一开始汇报就紧张哆嗦，到现在大方自信，对着 PPT 脱稿汇报。是研究增长了她的自信，是实践增长了她的底气。

学校在变。每一名干部、教师都能够积极参与到项目式学习实践中去，结合自己的分管工作、所教学科确定核心问题。这些问题来自学校的管理实际，来自教师的困惑，来自学生的发展所需，这所有的变化，促成了学校的变化。

一年来，项目式学习的种子已经在我们学校扎了根，在老师和孩子们的心里扎了根。孩子们专注的研究、自信的表达、默契的合作，老师们思维方式的转变，这些都是项目式学习带来的变化。

我们在实践中，把项目式学习看成是一种学习形式，更把它看成一种方法、策略和理念，这些影响着校园中的每一个人，用更科学理性的视角研究教学、研究德育、研究各项工作。我们还是刚刚起步，今后我们将且行且思考，且行且完善……

第 五 章
队伍·涵养

学校文化尤其是精神文化的形成一般会经历一个较为漫长的过程，而一旦形成，一所学校师生员工共同表现出来的各具特色的行为方式和作风，便具有了相对的稳定性，并且可以形成一种强大的"文化效应场"。团队在这个"场"的作用下受到影响和熏陶，从而使个体的行为自觉或不自觉地适应学校精神的要求，产生强大的向心力和凝聚力。[①] 教师作为教育者，其任务是传道、授业、解惑，社会要求以及社会文化的选择最终必须具体由教师来贯彻和落实。因此，对于学生来说，教师不仅仅是学校文化的创造者，更是学校文化活动的指导者。在学校文化活动中应当充分发挥教师的主导作用，这将直接影响校园文化的性质、方向和水平。这就要求教师有才有德，思想开明，性格开放，要懂得学生的心理特征，了解学生的生活，探索教育规律。教师对学生为人治学的影响是深刻的，从第一课堂到第二课堂，从才学到人格，教师都对学生发生根深蒂固、又悄无声息的感化。只有教师的素质是过硬的，才有资格为学生导向，为学校文化导向。

一、团队建设，凝心聚力[②]

　　团队建设对于我们来说不是一个陌生的词汇，在管理工作中我们也比较深刻地认识到了学校团队建设的重要意义，在着力进行着团队建设。

（一）对团队建设的认识和思考

　　微软总裁比尔盖茨曾经说过：即使失去现有的一切财产，只要留下这个团队，我能再造一个微软！这足以说明一个好团队的重要性。

　　什么是团队：团队是为了一个共同的目标而一起努力的一群人，是由

---

① 赵中建主编：《学校文化》，上海：华东师范大学出版社，2004 年版，第 307 页。
② 原文《参与　实践　提升——让团队在体验中成长》发于《房山研训》专刊 8，2016 年 5 月。

两个或两个以上相互作用和相互依赖的个体，为了实现某个特定目标按照一定规则结合在一起的组织。

为什么进行团队建设：良好的团队，能使员工齐心协力，拧成一股绳，朝着一个目标努力，产生强大的凝聚力；可以引导人们产生共同的使命感、归属感和认同感；还可以通过团队内部形成的观念的力量、氛围，去影响、约束、规范、控制职工的个体行为。这种控制不是自上而下的硬性强制力量，而是由硬性控制转向软性内化控制，由控制行为转向控制意识，由控制短期行为转向对其价值观和长期目标的控制。可见，团队建设的作用非比寻常。

学校团队建设的意义：一所学校其实就是一个团队，目标就是通过学校教育，培养出国家、社会所需的合格公民。

学校发展的关键是人，是干部教师，很多数据表明，一个学校的办学水平、教育质量从整体上看并不是由少数干部、教师决定的，而是由所有教师或教师群体共同决定的。因此，加强学校教师团队建设则更加重要。

（二）团队建设的基本策略

我们学校的办学特色是体验教育，学校的办学理念是"践行体验教育，让每一个孩子健康快乐地成长"。我们认为师生都是体验的践行者，因此我校的团队建设也在体验中进行。另外，由于我校规模大，人数多，地域广，所以我们采取了"化整为零，零存整取"的"体验式"团队建设策略。化整为零的"整"，即良乡中心校这个大团队；"零"，即大团队下的管理团队、年级（教研）组团队、青年教师团队等小团队。在整个大团队的引领下，加强小团队的建设，各个优秀的小团队就会组成良乡中心校更卓越的大团队。

1. 干部是团队建设的核心

有人说，"一个好校长，就是一所好学校"，这句话说明了校长的办学思路、理念对学校发展所起的重要作用。但是，建设一所"好学校"不能只寄希望于一位才华出众的"好校长"，更需要一支高效的管理团队，一个学校的干部群体备受教师关注，干部的意识、行为无声地引领着教师的言行、思想。由此可见学校管理团队在学校发展中发挥着举足轻重的作用。我们学校利用多种形式加强干部团队建设。

（1）加强中心组学习。

我们学校每周一干部例会的第一项就是中心组学习，在每学期的学期初、学期中、学期末都安排干部团队建设的学习内容。我们上学期就进行了《学校团队建设的思考》《决胜中层》《执行力与学校管理团队》等内容的学习。我们一般是一位干部领学，其他干部结合自身及本部门工作进行反思性发言，这样做促使干部团队更加健康、团结、过硬。

（2）召开民主生活会。

我们每学期进行一次民主生活会，每位干部剖析自身存在问题的同时，勇敢而善意地指出其他同志存在的不易被自身察觉出的短处，从而使干部团队更优化，更有战斗力。

（3）经受各级检查、验收及重大活动的历练。

重大的检查验收活动是对学校干部甚至教师群体团队作战能力的历练和检验。我们学校长期接受各级检查验收，检查验收过程本身就是对团队建设的有效促进。比如今年3月份的国家级均衡发展检查，标准高、任务重，我们的干部和教师迎难而上，每个干部都进到一个学科的专用教室及仪器室，全方位负责各项准备工作。以高标准、高要求清理各室、彻底搞卫生、规范使用管理程序、内容等等。干部教师一起出主意，想办法，使学校面貌焕然一新，各项水平再上一个台阶。检查过程中的高度评价就是对学校干部团队建设最好的褒奖。

2. 活动是团队建设的抓手

活动是师生喜闻乐见的教育形式，以活动为载体进行团队建设，感受深刻，润物无声。

（1）"团队创优杯"课堂教学大赛活动

我校多年来开展的"团队创优杯"课堂教学大赛，旨在引导教师们以体验教育思想为指导，研究怎样落实好课标、怎样解决课堂教学中存在的问题，寻找解决问题的有效途径。以"问题导研，同伴互助，共同超越"为主题。即同伴讲课、同伴指导、同伴评课、同伴论文演讲。此种形式突出了三点：第一，突出了团队行动和共享的体验，而不是个体行为；第二，对教师的课堂教学评价和教研活动进行整合，体现了统筹和系统思想；第三，每位教师都是活动的主角，主动、深度参与程度高。这样的团队研究，发挥团队协作的优势，围绕专题有分工、有合作、有过程、实效强，成员自身有了进步，团队整体素质也得到提高，同时增强了年级组、教研组团队的凝聚力。

（2）青年教师成长分享体验活动

青年教师是一个学校可持续发展的重要主力军，我们每个学期都召开青年教师成长分享会，使青年教师这个团队能够奠定基础，不断进步，在教育生涯中大步向前。上个学期末，我们创新了成长分享会形式，请来了青年教师的父母、师父、朋友、同学、姐妹甚至爱人，青年教师们以 PPT 等形式，向在场的所有人真诚地汇报了一学期的思考、行动、困惑、收获等等，使在场的每个人都感受到了青年教师的付出与成长。相信青年教师们会以每一次的分享会为起点，向着教育梦想再接再厉。青年教师团队会一步一个脚印地成长为学校教育工作的中流砥柱。

（3）专题培训和团队体验活动

学期始末，我们会开展团队建设的专题培训与团队体验活动，以此使教师深刻认识到自身与团队的密不可分的关系。学校每年都要组织全体教职工开展体验式团队培训活动，长达两个小时的各项体验活动，大家配合默契，培训效果显著，每个人感受到了"团队"的魅力与伟大，提升了团队的凝聚力。

3. 评价是团队建设的动力

任何一项工作要想做得稳定、长久，都要有评价、有监督，团队建设亦如此。我们学校则关注了如下评价。

（1）校内评价

包括和谐创优团队和优秀教研组。我们由以前的关注优秀教师、优秀班主任个体逐渐转向关注优秀办公室、优秀教研组的团队。每个学期，我们都进行和谐创优团队评选，颁发奖杯，并给予物质奖励，促进小团队成员的共同进步与发展。在和谐创优团队评选基础上，评选区级优秀教研组，上报表彰。

（2）上级评价

每学年教育督导室的素质教育综合评价，是我们学校工作的标准、动力与目标。我们也连年获得素质教育综合评价一等奖的殊荣。

（3）家长、社会评价

我们重视家长委员会工作，以多种形式邀请家长走进学校，参与学校的管理，以多种方式征求家长意见，使得各项工作得到了家长与社会的认可，家校关系融洽，学校的生源逐年大幅增加，社会满意率高。

案例：校长，我想要"优秀"

临近学期末，教师的考核评优、学生的检测、暑期的安排，正是学校最忙的时候。就在这个当口，有一个完小53岁的女老师来到我办公室，很不好意思地对我说："校长，我已经53岁了，再过两年就退休了，还不是八级呢，在九级也没有得过优秀，今年能不能给我一个优秀，让我有补聘晋级的机会！"听了她的话，我给她讲了上级的政策和学校的考核方案。虽然被我成功地劝走了，但是一直都不能打消她的希冀。学校里像她这样的老教师不少，50岁以上的有10多个。面临退休，都会有晋级的愿望。他们说不是钱不钱的事，关键是"面子"的问题。这件事让我陷入了深思，老教师这个群体确实值得关注，他们的积极性也需要调动。简单地拒绝肯定不会有好效果，按照方案考核他们，肯定没戏，如何做更稳妥呢？

我召开了主任会，把这个问题抛了出来，大家进行讨论。有的人说：老教师年轻时都是好样的，现在这个年龄按照考核方案凭量化得分，很难评上优秀，因为做课、论文等业绩得分很少。还有的人说：这部分老教师在老师中很有影响力，他们的行为直接会影响周围的同事，调动积极性也很重要。再就是老教师临近退休对晋级的渴望也能理解。更有人说，老教师如果不积极，人员会很紧张，现在是一个萝卜一个坑，无关年龄，都得顶一个岗。也有干部说，全体老师都知道考核评优方案，优秀也是有指标的，我们学校一直就是公平公正，老师们没有什么意见。给老教师优秀还得慎重。

这时候我对干部们说："大家看，这样可以不可以？我们按照考核方案进行考核没有问题。关于老教师的优秀问题可以这样考虑。指标分配按照各校区人数计算，保留整数，这样中心每年会有一到两个机动指标，就能从这一两个机动指标想办法。每年我们照顾一个老教师，但是对老教师的工作是有要求的。"这时候干部们纷纷发表意见：对，得有要求。必须是能干满工作量的。还得群众基础好，大家认可的。还得发挥正能量，影响带动青年教师努力工作的。还需要补充现任九级离退休最近的老师优先考虑。这样，老教师就不用和年轻教师争优秀了，每年都会有这样的一个名额。让他们安心在自己的岗位上踏实工作。

就这样，一个考核评优的制度形成了，得到了所有干部和教师的认可，从那以后，再也没有老师和校长要优秀，大家都是踏实努力地工作。他们知道，学校想着他们呢！

这件事过去两年了，但我每每想起都记忆犹新。第一，校长应该关注校园里所有的干部教师群体，丢了哪一部分都不成，需要调动所有人的工作积极性、主动性，让大家都觉得受关注。第二，不能为了满足个人的愿望而丧失原则，一定是在公平公正的前提下集体商量，让大家认同。第三，建立合适的制度机制是学校治理的必然。制度机制是动态发展的，不是一成不变的，所以面对新问题，解决新问题，建立适合的制度机制势在必行。

（三）团队建设效果凸显

团队建设促进了人的发展和学校各方面工作的开展，同时我们也取得了优异的成绩。获得了北京市德育工作先进集体、北京市法制教育先进集体、北京市课改先进集体、北京市基础教育课程建设示范校、北京市教育科研先进学校等市级以上荣誉 40 余项，连年荣获房山区文明单位、房山区人民满意标兵学校、房山区素质教育综合质量评价一等奖等区级集体荣誉，在国家级均衡发展验收、北京市学习型学校示范点检查等工作中得到高度评价，为房山区争得荣誉。

团队建设犹如航行于大海的巨舰，有智慧舰长的正确指挥，有勇敢船员的协同配合，在这艘巨舰上每一个人都发挥着重要的作用，凝聚成劈波斩浪的巨大动力，才能在大海上平稳快速向前！

二、校本研修，提升素养

良乡中心小学自 2015 年 12 月 23 日更名为北京工商大学附属小学，一校三址：苏庄校区、太平庄校区和固村校区。学校努力落实"用心做教育，做心中有人的教育"理念，以"行于实，方乃成"为核心价值观，以体验教育为载体，努力为每一颗种子创造充分体验、无限生长的可能。面对学校发展的机遇与挑战，教师的专业发展成为我们非常关注的问题，成为学校的一项重要工作。为此，学校以校本研修为依托，不断地思考、实践，促进教师素养提升。

（一）教师团队建设的必要

一是顺应教育发展的需求。在教育供给侧改革背景下，教师作为教育的供给侧，是否具有适应教育供给侧改革的能力和水平，是否可以适应教育供给侧改革的要求，是否可以支撑教育发展的速度和强度。房山区作为北京市学习型示范区，全民树立终身学习的理念，教师更是责无旁贷。这些都要求教师必须顺应教育发展的潮流，树立终身学习的意识，不断地接受再培养，自觉提升专业化水平。

二是满足教师职业的需求。百年大计，教育为本，教育大计，教师为本。教师是人类灵魂的工程师，要传道、授业、解惑。伴随着小学教师专业标准的出台，以及习近平总书记提出的好老师的标准，再加之深综改全链条改革背景下，对教师的专业成长提出了新的挑战，职业本身需要教师持续不断地研修学习。

三是促进学生成长的需求。学校完善了文化的顶层设计，构建了学校文化体系。在"行于实，方乃成"核心价值观的引领下，如何实现让每一颗种子朝气蓬勃地生长的育人目标，教师是关键因素。只有我们不断提升专业水平，尚德求实，教学共进，才能满足学生成长的需要。

（二）学校的探索实践

1. 用机制推动校本研修，促进三校均衡共进

学校构建"教研修"一体化机制，以"教"为出发点和落脚点，促教研相融，研修结合，助推行实教师专业成长，促进三校均衡发展。

一是干部带组。学校实行干部带组机制，按照干部的优势学科专长，进行分组，每组确保有 1 名教学干部。包年级、包学科，坚持每周一行政听课制度，听课、研讨、反馈指导相结合，干部教师共同成长。

二是大小相融。校本研修实行两级管理，大小研修结合，优势互补。中心校本研修每月一次，完小校本研修两周一次，围绕"种子课程建设""行实课堂建设"和"体验学习方式"等专题，根据教师教育教学中的实际问题，确定研修主题并开展活动。

三是因需分层。校本研修根据教师的实际需求，分层开展研修活动。骨干教师重在搭建平台，促其形成教学风格，并发挥带动辐射作用。如，本学期我校承办的京港粤浙中小学高级研修活动，由骨干教师做课。参加"中国写作学会中小学写作教学专业委员会京津冀协作会首届习作教学初赛"和到本区及外区送课活动，行实班级管理经验交流由学科骨干和骨干班主任承担。青年教师重在研读课标、教材、学生上下功夫，促其尽快适应岗位需要。开展了师徒结对活动，组织了拜师仪式，明确了师徒职责。开展了"精研课标教材打造行实教师"暨 35 岁以下青年教师成长分享活动，开展了"师徒携手互助成长"师徒结对成果汇报活动，4 名徒弟分别

献课，师傅予以点评，参与人员进行互动交流。

四是名师带动。学校以"行于实，方乃成"为核心价值观，努力打造"尚德求实，教学共进"的行实班主任团队，在2015年2月正式成立"迟希新班主任工作室"，这是北京市唯一一个以"迟希新"命名的班主任工作室。工作室确立了工作目标，通过工作室为班主任教师提供学术交流、教艺切磋、智慧分享的互动平台，引领工作室成员发挥自身优势，提升教育智慧，探索并形成班主任育人思想和班级管理特色，促进工作室专业化发展。

五是互检互学。实现三所校区间教师的共同发展，加强了三所校区间的沟通与交流。每学期定期进行三所校区间校本研修交流学习。管理者在交流中相互学习，取长补短，共同提高。鼓励完小承担市区和中心校大型研修活动的任务。如太平庄校区11月份承办了房山区培训新任教师课堂观摩研修活动，由我校11名教师进行做课；承办了北师大培训班学员两天的研修活动，我校教师做课4节；固村小学承办了北京市基教研调研教学体育学科会场活动。以此促进三校的均衡共进。

2. 用课程拉动校本研修，提升教师课程能力

学校以"种子"课程建设为载体，拉动校本研修，促进教师专业成长。我们先后聘请市课程专家朱传世、暴生君、王凯主任，北京市基教研贾美华主任、彭香教研员和房山区教委杨凤娟副主任、教科室周长凤主任等到校指导课程建设，通过学习和培训，我们重新思考课程的功能和价值，制定切实可行的课程方案。2015年10月，在平谷区举办的北京市课程研讨交流会中，我校以"种子课程建设方案"为题在大会上做典型发言，得到了专家们的一致赞同。

（1）完善"种子"课程体系，提升课程指导力

一是做实课程发展分析。为了解学校的课程建设现状，采取问卷调查、个别访谈、分析研究等路径，运用SWOT分析工具，对学校课程发展的优势、劣势、机会、威胁和行动策略进行了梳理与分析，为进一步完善

学校的课程体系提供依据。

二是形成课程哲学。核心价值观：行于实，方乃成。校训：求真向善，求实达成。办学目标：为每一颗种子创造生命成长的体验场。育人目标：让每一颗种子朝气蓬勃地生长。在这样的课程哲学引领下，我们认为每一个孩子就如同一粒种子，学校的育人目标是"让每一颗种子朝气蓬勃地生长"表达了我们的育人追求以及对学生未来的期许。我们的老师如同种子，在课程建设与实施中不断地生长。我们的课程如同种子，为促进学生全面而有个性地成长需要不断地生长，为孩子朝气蓬勃地生长提供更适宜的成长沃土。

三是确立了课程文化："多元丰实　动静相宜"。"多元丰实"主要指课程能很好地满足学生成长的需求，学生的体验多元、丰实。"动静相宜"表达一种动与静完美相融，动中有静、静中有动的美好意境，更多体现课程的发展动静结合，课程与活动相结合，学生沉下来思考，沉下来与动起来实践相结合。"动静相宜"是"多元丰实"的具体化要求，学校的学生是一粒粒亟待生长的种子，不同的种子需要不同的营养成分来滋养，只有"动静相宜"的课程形态，才能更好地实现"多元丰实"，最终更好地为种子的生长服务。

四是明确课程目标：①培育根基坚实、奋发向上、坚强独立、充满活力的"行实"少年。根基坚实：基础扎实、习惯良好。奋发向上：心态阳光、积极向上。坚强独立：意志坚强、适应力强。充满活力：身强体健、思维活跃、善于探究、实践力强。②培养有课程领导力、指导力的管理者，培育有课程构建、实施能力的"行实"教师。③争创课程体系完善、特色鲜明的品牌学校。

五是完善课程结构。在学校课程目标引领下，我们依据种子成长的需要及种子的精神、特性，从根基课程、磨砺课程、适性课程三个层面，在道德、人文、科学、健康和艺术五个素养领域构建了"种子"课程体系框架。根基课程：重点围绕国家课程、地方课程，培养孩子的基本素养，为孩子的终身发展奠定坚实的基础，使每一颗种子都饱满、健康、充满活力。磨砺课程："种子"成长需要经历风雨，历经磨炼，我们研发让学生走向生活、了解社会、解决实际问题的实践性课程，凸显"德"与"能"的培养。磨砺课程主要包括：道德体验、阅读漫笔、科技探索、体魄磨炼、艺术实践五大板块。适性课程：不同的种子有不同的特质，也有不同的发展需求，我们设置促进个性发展的课程，它以丰富多彩的社团形式出现。适性课程分为理想种子城、文学种子社、科学种子岛、体育火种队、艺术种子营五大社团。根基、磨砺课程属于必修课程，适性课程属于选修课程，整体实施促进每一粒小种子全面、个性发展。

（2）扎实推进 彰显"种子"课程活力

一是项目驱动。学校聚焦课程，共进行了三个市区级的项目课题研究。北京市专项《种子课程建设 促进教师的专业发展》，北京市十三五课题《基于体验教育的种子课程建设的研究》和房山区课程创新项目《基于学生核心素养的学校"种子"课程体系构建与实施的研究》，引领驱动种子课程建设，促进教师专业成长。

二是整体推进。

①根基课程，打牢基础

②磨砺课程，实践体验

打造精品课程：阅读漫笔的阅读课程、体验式习作；科技探索中的科学种子计划课程。阅读课程将课内阅读与课外阅读紧密结合，晨诵和大阅读项目相结合，培养学生的阅读兴趣和习惯。体验式习作拓宽了学生的写作素材，学生的习作积极性增强，每班的体验式习作集记录了学生体验过程中的点点滴滴。关于科技探索中科学种子计划课程，本学期在原来三至六年级实施的基础上拓展到一、二年级，形成完整的课程体系。一年级，认识植物；二年级，水培植物；三年级，植物栽培；四年级，植物标本制作；五年级，植物图鉴制作；六年级，植物专题研究。主题性实践活动课程完成了单册学科实践点的梳理、计划和主题活动方案的设计，并扎实推进。如：本学期我校开展的"秋天的故事"跨学科实践活动课程，孩子们通过各种方式先了解玉米的种植、生长过程和在日常生活中的价值后，近距离地观察、触摸玉米，尝试亲手剥下玉米粒的活动，体验着秋天的收获带给人们的快乐。

③适性课程，个性发展

我校校本课程与课外活动有机整合，三所校区分别开设了"合唱、中国鼓、评剧、3D、衍纸、纸浮雕、门球、花样跳绳、插花、啦啦操、排球"等社团共48项85个课外活动班，在师资方面，我们采取校内师资普及与校外师资共同提高的方式，特别聘请了北京工商大学艺术与传媒学院、体育学院的教师在每周二、三、四分别到校给孩子们上课，为他们提供专业的辅导，保证活动的效果。

三是丰富课程空间。学校的十大体验区为课程提供丰富的资源，尤其是科技探梦和艺术体验区，楼道与专用教室环境建设浑然一体，为学生提供充分的自主体验的空间。学校在课程建设中，唤醒了教师的学习需求，拉动了校本研修，提升了干部教师的课程指导力和执行力。

3. 用学科撬动校本研修，提升教师教学能力

用优势学科撬动校本研修，促进教师素养提升。如学校自2014年成立了数学核心组，以课题研究方式进行推进，重点研究四个问题：一是如何制定具体、可操作的体验教学目标；二是如何设计体验教学情境或体验活动让学生积极主动地参与到体验之中；三是如何教学生在独立思考的基础上，学会互助、合作、分享；四是如何评价一节课的学习效果。

采取的研究方法：一是采取"三课两反思"课例研究法。即同课异构，第一次课大家同备，1人讲。之后进行评课、改课，此为一反思。第二次课就是改后再讲，再评再改，此为两反思。第三次讲出成型的课。三次课内容前后不变，但讲课人可以是同一个人讲，也可以是不同的人讲。二是讲座法。根据研究过程中发现的突出问题，请刘教授做专题讲座。三是总结法。在研究过程中以及后期要进行总结提炼并进行汇报交流。扎实开展研究活动，先后聘请北京教育学院刘加霞教授、晓婷博士和房山区教师进修学校张艳进行跟踪指导，开展了系列活动，提升了教师的素养，促进了学生的发展。课堂上学生合作体验交流能力得到了培养。中心校数学核心组每两周活动一次，一年中有 11 名教师做研究课，每一次上课，都是对学科本质的一次追问和实践，也正是在这一次次磨课、上课、改进中，老师的教和孩子们的学悄然发生着变化。

4. 用课堂带动校本研修，提升教师执教能力

（1）文化引领，明确要素

围绕我校"生态厚实 活力共生"的课堂文化，开学初，教学干部向全体教师解读了我校课堂文化内涵和"315"课堂要素（即"三实一放五会"。"三实"指教风朴实、训练扎实、容量厚实；"一放"指师生互动、思维绽放；"五会"指全学、乐学、真学、会学、学会），引领教师将文化落实在日常的课堂教学中，让课堂成为学生自己的课堂、探究的课堂、生态的课堂。

（2）改进方式，探索策略

把脉课堂：学校通过听课、巡课等多种形式开展课堂教学把脉活动，找准现有课堂中存在的优势、问题，并制定有针对性的改进策略。

引领指导：通过每周一行政听课（共六个组，校长及所有干部全部参与）和教学管理人员指导课、跟踪课、师徒听课，聘请专家、教研员视导听课等多种方式，加大对课堂的引领、指导力度，聚焦常态下的课堂教学，提高学生课堂内的实际获得。

项目驱动：学校以"问题引领式学习"和"学习方式变革项目"为依托，转变教与学的方式。问题引领式学习：进行主题图提问探索，以发展学生发现和提出问题的意愿和能力。学习方式变革项目：以平板电脑助推学习方式的转变，体现交互性和异步性。

活动跟进：课堂历练成为校本研修的主要方式，截至 2016 年，我们共承担市区级活动 9 次，组织校级活动 4 次，教师各种级别做课已达 100

余节。具体活动：聚焦课标教材，我们开展了各学科编写、评选学期课程纲要活动；青年教师说课标说教材成长分享主题活动。2016 年开展市区全科视导活动：9 月份区小学教研室进行全科视导，采取自愿申报与团队研磨方式共推进，为期三天的视导活动中，教研员共 25 人，视导 11 个学科、40 节课。12 月份北京市基教研的教学调研，涉及 12 个学科，共听课 18 节课。搭建平台各级别课堂教学研究展示活动：9 月份我校承办了房山区二年级区级数学活动、一年级新教材拼音教学研讨活动，共 4 位教师做课；10 月份承办了京港粤浙中小学高级研修活动，承担的"龙乡秋韵·情景绽放"房山区学科特级教师工作室百课千人大展示小学组活动，来自 13 所小学的 21 节课中我校占 9 节课。11 月份承办了房山区培训新任教师课堂观摩活动，我校 11 名教师做课。承办了北师大培训班学员为期两天的听课研讨活动，我校教师做课 4 节。承办了北京教育学院组织的广州名师培训班学员为期两天的同课异构和研讨活动，我校共 4 位教师做课。12 月份校内师徒携手互助成长师徒结对成果汇报活动中，4 名徒弟分别献课，师傅予以点评，参与人员进行互动交流。1 名教师到史家营送课，3 名教师到外区县送课，1 名教师参加中国写作学会中小学写作教学专业委员会京津冀协作会首届习作教学观摩活动初赛，等等。

典型带动：在日常的行政听课或活动中发现典型，及时组织校本研修活动，发挥典型带动作用。

(三) 校本研修的成效

一是探索了研修策略。通过实践，我们认为建立研修机制、课程建设、学科建设、课堂历练等策略，有利于推动校本研修建设，提升实效。

二是行实团队在成长。"尚德求实 教学共进"的教师团队在不断成长。教师主动发展意识明显增强，课程的指导力、执行力和课堂的教学力等不断提升。2016 学年，我校安月娟老师被评为北京市小学学生最喜爱的班主任荣誉称号；刘国华等 5 名教师被评为房山区优秀教师、优秀教育工作者；黄鹏等两名教师被评为房山区人民满意教师标兵；陈涛等 7 名教师被评为西潞街道先进工作者、优秀党员教师。另外，在国家及市区举办的各类比赛中，我校教师积极参与，有60多节课例和70多篇论文分别荣获国家、市区奖项；在辅导学生的各项比赛中，56名教师荣获辅导奖。在一年的教育教学中，共有教师178人次荣获国家市区个人奖项。

面对今天的教育，面对我们的责任，专业成长是我们不懈的追求。我们将在探索校本研修之路上，不断地行于实，让我们的教师和学生都朝气蓬勃地生长！

三、抓班主任，行在实处①

习总书记在2016年思想政治工作会议中提出，教师不能只做传授书本知识的教书匠，而要成为塑造学生品格、品行、品位的"大先生"。学校非常重视教师队伍内涵发展，努力培养具有"大先生"气质的教师。班主任是学校德育的基础力量，是孩子们在学校生活中最亲密的人。班主任的素质与水平决定着学校的发展，更在一定程度上影响着每一名孩子的成长。为此，打造高专业化的班主任团队显得尤为重要。

北京工商大学附属小学（原名良乡中心小学）以"行于实，方乃成"的办学理念为指导，努力打造"尚德求实，教学共进"的行实班主任团队，在历经了Yimi花空间、Yimi花班主任工作室几个阶段后，于2015年2月正式成立"迟希新班主任工作室"，成为北京市唯一一个以"迟希新"命名的班主任工作室。在北京教育学院迟希新教授的指导和引领下，班主任工作室在摸索中前行，不断地收获着、成长着。班主任队伍建设工作也在"行于实，方乃成"理念的指引下，依托迟希新班主任工作室取得了长足的进展。

---

① 《"行实"平台打造"行实"品牌——北工商附小班主任工作室暨班主任队伍建设思考与实践》一文发表于《教育家杂志》，2018年9月；《行在实处，成在获得》一文发表于《中国乡村班主任发展研究》，第二辑，2019年7月。本部分整合两篇文章而成。

（一）统筹规划，明确"工作即研究、研究即实践"的发展理念

学校于 2015 年 2 月 27 日成立迟希新班主任工作室，聘请北京市教育学院迟希新教授为工作室专家顾问。工作室坚持"工作即研究，研究即实践"的发展理念，努力让工作室成为"班主任共学、共研、共享、共生的平台；成为将学校文化扎根班级，优化班级管理的平台"。工作室坚持落实"三个一工程"和"三个一目标"，即工作室每学期确定一个研究主题贯穿日常、每学期举办一次校本培训、每月组织一次工作室活动；班主任工作室建设有目标、班主任专业发展有目标、班主任个人成长有目标。借助工作室实现优化班主任团队发展，培育一批有爱同德、有研同行的班主任"大先生"；逐步完善丰富班主任个人发展阶梯目标，建立"一年入格—三年合格—十年优格"的班主任成长体系。

自工作室成立以来，我们做到每学期一个研究主题贯穿日常，每个学期坚持"四个一"：

1. 每学期一次班主任工作论坛

有针对性地选择教育热点话题，围绕观点呈现、思维碰撞、专家点评三个环节，分享教育经验，探讨实践问题，更新育人理念，朝着"专业化"目标不断发展。

2. 每学期一次班主任基本功比赛

以赛代陪促成长。

3. 每月一次工作室研究活动

利用研究时间，各小区开展年级联席教研。分年级开展班主任、科任教师联席教研，就本年级（班）课堂纪律、习惯问题进行研讨。

4. 德育日常随机小教研

坚持小型化、日常化教研，在各年级组中倡导"自己随时发现问题——大家都来共同分析——自己依照办法实践——提高管理水平"的团队优势，要求以年级组形式开展经常性德育教研活动，随时研究本年级段学生习惯养成方面的共性问题。某项工作结束后，学校会及时从班主任工

作科学与艺术角度帮助他们总结工作方法，提炼、分享工作经验。

（二）夯实管理，规范引领行于"实"

在德育管理工作中，我们遵循"走小步，不停步"的战略，通过规范的管理，依托明职责、提要求、抓意识、教方法、树样子、促反思的培养策略，引导教师以遵循孩子成长规律、尊重孩子心理需求为前提，抓住孩子成长的关键点、问题点开展教育，引领班主任老师以实际行动做好孩子成长路上的陪伴者、引领者与教育者。德育管理工作中加强引领，通过规范的管理，提升班主任"六大专业能力素养"：班级建设能力、指导个体发展能力、课程育人能力、家校共育协同能力、心理健康教育能力、网络媒介育人能力。

1. 夯实教研活动，立足明职责、提要求

日常教研交流。坚持小型化、日常化教研，在各年级组中倡导"自己随时发现问题——大家都来共同分析——自己依照办法实践——大家引以为戒——提高管理水平"的团队优势，要求以年级组形式开展经常性德育教研活动，随时研究本年级段学生习惯养成方面的共性问题。

年级联席教研。分年级开展班主任、科任教师联席教研，就本年级（班）课堂纪律、习惯问题进行研讨，就学生的教育方式及良好行为习惯的养成途径和方法方面产生共识，促进良好学风、班风的形成。

干部包组包校。整合听课、大教研、课外活动、副班主任管理，将管理人员分到各校区、各年级和教研组，每两位管理人员包一个年级组加上一个教研组。学生教育管理，每学期给这个年级的家长进行一次专题讲座。

加强组长建设。在加强例会、学习、交流的基础上，尝试将活动下沉到组，落实"四个一"活动：每年级每月独立设计开展一次年级活动；每月组织召开一次年级任课教师联席会，就本月本年级存在的课堂问题进行集体研讨，就教育措施产生共识；每学期主持召开一次年级家长会；每学年主持、承办一次全体班主任会。以此历练年级组长的组织、协调、管理

能力，增强年级活动实效。

2. 增进分享促提升，立足抓意识、教方法

学校在每周一全体教职工会安排经验分享板块，工作室依托周一教职工会的黄金时间开展"说说我身边的四有好老师""为你点赞""骨干班主任教育案例分享""听老教师讲那过去的故事"系列活动，通过工作例会进行阶段性班主任工作诊断反馈，充分利用校园网站、班主任工作大会等媒介推广优秀班主任工作经验及方法。

3. 抓住契机勤总结，立足树榜样、促反思

某项工作结束后，学校会及时从工作科学与艺术角度帮助班主任总结工作方法，提炼、分享工作经验。如，班级家长会结束后，工作室会以"为班级家长会点'赞'"为题进行家长会经验分享，让可贵、有效的班级管理经验通过研究室的活动得到共享与传承。班级文化建设评比后，学校安排全体班主任走进最佳班级，看环境，听学生讲解，树榜样，促反思。

4. 规范的过程性评价促进班级管理

我校一直重视学生的养成教育，在日常工作中完善常规检查制度，加强常规管理力度，及时总结反馈。在开学初的第一次校会、第一节班会、第一次大型集会对学生进行纪律、卫生、集会的要求，公布检查标准和评比方案。以学校"六比六看"活动为抓手，抓学生文明走路、认真上操、排好路队、讲卫生等常规习惯，利用每周一的升旗仪式、校会等固定时间进行小结反馈。各班设立"体验监督岗"，实行"轮流体验""挂牌上岗"，让每个孩子都有体验的机会，同时树立个人和集体责任感。利用好学校阳光小干部社团，在四至六年级同学中推选认真负责的同学参与校园检查和监督工作。德育处针对检查内容对校园监督员进行详细的说明与指导，并定期培训和反馈。学校与监督员对发现的问题通过多种方式及时与班主任老师沟通，有效地监督学生日常文明行为，确实促进了学生良好文明习惯的养成。课间纪律、环境卫生、路队情况等常规管理做到天天有检

查、周周有反馈、月月有评比。以多种形式和途径培养学生良好的行为习惯。

每学期初，召开德育工作会，详细解读德育工作计划，达成共识。每月进行重点工作的小结与检查，做好日常工作记录、常规教育记录等，学期末进行学生评价手册评比与展示、班主任德育论文的梳理等，结果纳入过程性评价。规范的管理过程带动和促进教师的班级管理，让各项工作落到实处。

（三）文化扎根班级，创建学生生命成长的班级场

学校文化是串起校园里人、事、物散落珠子的主线，我校践行"行于实，方乃成"的办学理念，将文化育人作为学校立德树人的主要载体，把社会主义核心价值观内容全方位、多角度、立体化融入文化育人体系中，通过"行实文化"的落实引领师生参与道德实践，提升道德素养。真正使学校文化内化于心，外化于行，真正让学校文化成为看得见的风景，在班级生活场域建设中实现班主任的同步发展提升！

班级基础性管理评比、班级文化展示评比、行实班级建设主题班会交流与展示、行实班级管理论坛等活动促进了班级建设全面提升，为促进文化落位到班级创设了有效途径。通过建设班级六个体验场，做到了班班显文化，班班能展示，班班有特色。

班级文化设计场。老师、学生、家长齐参与，从起班名、绘班徽、唱班歌、定公约活动开始。设计的过程，也是班级人心凝聚、明确目标、文化认同的过程，更是审美情趣、人文情怀、合作与创新能力形成的过程。

班级管理体验场。每个孩子都参与到班级管理中，在服务他人、岗位历练、活动组织、才能展示中不断成长。孩子在自我教育、自我管理中不断成熟，不断提高，学生在经历各种开放式的情境，增强了集体责任感、归属感和荣誉感。

班级社团活动场。班级社团组织丰富着班级生活，让每个个体在参与班级生活过程中通过"微型组织生活"绽放个性，让每个人都成为更好的

自己，促进了社会参与、社会学习素养的提升。

班级爱心体验场。集体中有同学过生日，老师和同学都要唱生日歌，送祝福。为生病同学捐款，高年级和低年级结成手拉手班级。从新生入学第一天起，就成为姊妹班，爱心在传递中更显温暖。

学习分享体验场。学生是课堂上学习的主人，在自主探究、小组合作、分享交流的课堂上，孩子们慢慢地会倾听、会思考、会表达、会交流、会分享。

自主成长体验场。教室里、走廊里都是孩子们的身影，没有好与不好的等级评判，我们要做的是让每一颗种子都能有信心、陪伴他们长大，在经历中体验、收获。

（四）开展特色活动，成为班主任工作提升的助推器

学校转变工作思路，将各项工作聚焦常态。我们通过一月一赛一规范、一周一班一展示、一班一课一主题等以常规工作为出发点的特色活动引导班主任老师夯实常规、发掘特色、潜心研究，让行于实的特色活动成为班主任工作提升的助推器。

1. 一月一赛一规范，聚焦常规促提升

班主任工作室每学期围绕"行实班级建设 提升教师素养"开展基于常规的"一月一赛一规范"活动，引导班主任老师关注常规，科学管理，如班级基础性管理评比、班级文化展示评比、路队评比、巧开家长会、唱响班歌等。每月一赛长期坚持，使得班级建设全面提升，成为教师专业能力提升的平台。

2. 一周一班一展示，发掘特色展风采

两年前，我们尝试改变传统的升旗仪式，通过自主申报参与"一周一班一展示"活动，将班级展示常态化。做到了班班参与，人人参与。成为孩子们期待的班级体验周。每周升旗仪式由各班轮流负责，通过校园广播、校园展板、学校电子屏、官微等多种途径全方位展示班级风采与特色，为学生的个性张扬搭建平台。活动邀请家长参与，每周都有家长走进

校园，家长开放日也走向常态化。通过班级展示，校园内每一周都有班级成为主角。

据统计，三校区参与展示的班级已有 70 个班次，参与展出学生作品逾千幅，参与家长 1 400 余人次，官微推送专题文章 80 余篇。活动过程中班主任老师们编辑美篇、制作展板、排练展示内容……让班级更加凝聚，家校关系更加密切，班主任的宣传意识、家校沟通能力、活动组织能力得到了充分锻炼和提升。

3. 一班一课一主题，涵养品质助成长

每学期各班以行实品质涵养课程为研究主题，依托"每日八分钟课程"、班本课程开展具有班级特色的班级定制课程研究。如中心校区二（1）班实施以友爱品质为主题的"讲讲我们班的友爱小故事""共同建设班级友爱角""拉起弟弟妹妹的手"等系列定制课程，涵养学生友爱品质。五（4）班实施以"坚韧"品质为主题的"我眼中的坚韧""我做到的坚韧""坚韧造就传奇"等系列班本课程，感悟坚韧蕴含的精神和品质，培养小种子们坚韧不拔的毅力，顽强生长。一班一课的主题式系列课程使"行实品质"深度落实于班级，落实于每个孩子。老师们也在系列班本课程的设计、开发和实施过程中实现了从"经验型"向"专业型"、"研究型"班主任教师的转变。

迟希新班主任工作室走过的三年，老师们体会着研究的快乐，经历着累并成长的过程……

有思想、有情怀的班主任越来越多。董剑梅老师入职五年，她用心教学、用心管理学生，和孩子们一起建立了属于他们的"花果山"，和一年级小虎豆们一起谱写"虎豆班"的快乐乐章。她更是实现了个人成长梯次中"优格—风格"的目标。安月娟老师在体验中努力探索低年级学生成长规律与育人策略，创新班级评价方式。在班级特色建设的过程中，弱化了学科的界限，呈现给我们的只有孩子的成长，即便教室里一盆小小的绿植都有了内容丰富的"身份证"，从绿化向文化迈进……

有能力、有水平的班主任越来越多。杨会娟老师热情、智慧，工作有方法、有效果，关爱学生具体化、管理方式多样化、与家长沟通联系经常化，充分尊重学生，发挥学生的民主意识，使得班级管理制度畅通无阻，"小荷一班"快乐成长，蓓蕾初绽，她用思想和智慧演绎着她的"快乐班主任生涯"。上个学期，五位班主任老师获得区级班主任基本功大赛一等奖。三位老师入选房山区优秀班主任资源库。越来越多的班主任将理论学习运用到日常的班级管理工作中，班主任整体能力水平有明显提升。从最近一次家长会效果追踪统计来看，家长们给予了班主任高度的认可。从干涩枯燥的说教式家长会上的冷冷清清，到在以人为本理念的指导下，以还原孩子校园生活为内容的互动式家长活动上的真情流露；从"召开家长会"到"巧开家长会"的转变背后是班主任教育观念及能力水平的体现。通过家长会，家长们对班主任充满了敬意且不胜感激。

班主任教育思想与情怀的注入，能力与水平的提升，使得班主任工作由"管理"向"引导"转变、由"看班"向"带班"渐进。在附小，可以聆听"用智慧让每一颗种子朝气蓬勃地生长"的教育生活，学习"jing字点亮班级文化""把我读给你听"的方法，领略"我们班的'小怪兽'""丑小鸭其实是受了伤的白天鹅"的精彩，感悟"班主任的'爱恨情仇'"等等。同时，也可以真切地感受到一位位普通班主任的成长历程，看到他们从重重错误中怎样跌跌撞撞地走出低谷……

案例：董剑梅老师题为《努力成长，遇见美好》的主题发言

前几天在读书汇上看到这样一句话："什么是幸福？就是在你喜欢的地方和你喜欢的人做你喜欢的事业！"我觉得我就是个幸福的人，在北工商附小这个友爱的大家庭中，做着我擅长且喜爱的班主任工作，并成功地实现了自己儿时的梦想！正是怀着对教育事业的这份挚爱，现如今我已在班主任的岗位上度过了八年的时光。八年来，我陪孩子们长大，孩子们陪着我成长。我从初出茅庐的小丫头，到现在成长为骨干教师，收获了北京市紫禁杯优秀班主任特等奖、房山区十佳教师等殊荣，这八年里有很多很多难忘的经历，是成长的积淀让我有了今天的成绩。在这里，我首先要感谢的就是我们的班主任杂志社，是班主任杂志陪伴了我的成长。当我遇到困惑时，是"我该怎么办"为我支招，答疑解惑；当我感到倦怠时，全国优秀班主任讲坛为我树立了榜样，让我找到了动力；当我遇到挫折时，"潜能生的转化"让我感受到教育的温暖。还要感谢领导为我们班主任老师的成长搭建了这么好的平台，让我们有机会跟随智者的脚步前行；感谢学校和同事，在我遇到困难和挫折时，给了我帮助和前进的力量，让我今天有勇气站在这里，分享我的成长历程。

这八年里，让我感受最深的就是"学习"。因为从踏上讲台的那一刻，我就意识到了我们教师生涯是一段永无止境的学习和成长之路。只有加强学习，拓宽视野，增强自身修养，锤炼自身素质，才能成为业务精湛、学生喜爱的高素质教师。在这个过程中，我正视每一次学习的机会，积极参加活动与培训，积极向教育专家请教解惑；向身边的优秀教师学习；从入职时的新任班主任培训、学校班主任工作室组织的经验交流分享、师徒结对到班主任基本功的培训与展示、北京市骨干班主任培训、全国班主任论坛、国培计划。每一次培训，我都做了详细的记录，并随时批注自己的想法和感受。记忆最深刻的一次是参加东北师范大学组织的小学骨干班主任培训，共计十天，除了白天的学习外，晚上还会参加研讨互动，作为班干部，组织活动，整理材料，一天下来几乎都要忙到晚上八九点钟，即使这样，我也坚持每天撰写学习反思，与学习班、学校班主任老师进行分享。我的努力，获得了学员们的肯定，经过投票，我被评选为最有价值学员。这段时光，被我称为加速成长时期，虽然很累，但是很充实。我知道我学到的东西会是我职业生涯的宝贵财富，它不但能充实自我，更重要的是我用学到的理论和方法帮助了我的学生们。这些年，我养成了记笔记、标注反思的习惯，一本又一本，厚实了成长。

除此之外，我还向书本学，《班主任杂志》《25位优秀班主任的故事》《30个班主任工作典型案例》，以及北京电视台《老师请回答》、名班主任公众号都成了我的精神食粮。

老师们，学习是永恒的主题！是立身之本，成事之基，是我们健康成长、提高素质、增强本领、不断进步的必由之路和重要保障。

当然，除了学习，还要不断地"思考"：八年，送走了两批四年级学生，今年是我第三次接新班。每接一个班，我都会琢磨：我怎样才能把这个班带好？我怎么做才能尽快帮孩子融入集体、赢得家长的信任与支持呢？我该以什么为切入口呢？……因为我们都知道班主任是学生成长的引路人，找准抓手很重要。

班级文化作为一种无形的磁场，能对学生和家长产生巨大的内在激励因素，增强班集体的向心力和归属感。所以，每次接新班我都会以班级文化建设为抓手，从最初的花果山到虎豆成长社区到现在的三叶草逐梦少年团，都是如此。

那么，一年级该如何建立班级文化呢？于孩子而言，他所感受的文化氛围一定是温暖的，这就需要一个用心呵护的大家长。从8月23号取得联系，我就努力尝试走进每一个孩子心里。加学生家长微信时，向家长要一张孩子的生活照，制作了学生信息手册，在第一天进校门时，我喊出了他们的名字，他们会信任地把小手伸过来。微信备注上，添加几个神秘的数字，这是孩子的生日，每天在微信搜索栏输入当天的日期，提示自己为当天过生日的孩子送去祝福。记得，8月28号那天尽管还没有正式开学，小寿星也收到了我的祝福，看见微信那头从未见面的小家伙欢呼雀跃地在视频里嚷嚷着快点儿开学，快点儿见到老师，那一刻，我相信家长的心也是暖的。

而家长正是我们最需要团结的力量，是创建班级文化的重要力量柱！开学第一周，在着手班级文化建设之初，我向全体家长发布了问卷，了解家长对孩子的期望。通过统计，"健康、爱学习、爱劳动、善良"这几个词出现频率是最高的，以此为特征我郑重发布邀请函，诚邀全体家长参与班徽征集活动。让我意外的是，很多人不约而同地采用了三叶草的主题元素。经过投票评选，最终三叶草班徽应运而生。从此，家长们也多了个名字——三叶草逐梦助力团。在大家的帮助下，我们逐步完成了一系列的班级文化建设，物质文化、精神文化、制度文化。由此，由学生、家长、教师共同组建的班级生活场构建而成。

在这个过程中，我也不断尝试、不断调整。正是因为有思考，才会努力完善，做到更好！通过思考，我们所有的经历都变得更有意义；它帮助我们从经历中提炼宝贵的经验和方法，让正确的选择为美好奠定基础。

第三个要跟大家分享的关键词是"实践"：践行学校的办学理念——行于实，方乃成。我们必须要把想法落到实处。在这几年间，我勇敢尝试，将一个个想法落实于活动中，以活动为载体，让我和孩子们的成长有迹可循。

举办爱国主题教育活动。作为一名班主任老师、中队辅导员，我抓住"班队会"这块阵地，开展了一系列爱国主题教育活动，鼓励孩子从小树立坚定的理想信念、崇高的爱国情怀。关注时事，在疫情期间，以"榜样"为题，我带孩子们了解祖国在面对疫情时采取的重大举措，感受中国速度，开展队会，致敬最美抗疫英雄，致敬身边的榜样。

举办感恩活动。除此之外，我始终引导孩子用一颗感恩的心去对待身边的人和事。开展以感恩为主题的劳动教育，带孩子走进社区，参加公益劳动，开展了"治疗城市皮肤病"的清理小广告活动、垃圾分类环保活动，孩子们用自己的小小力量为社区、社会、祖国做出自己的贡献。

以爱育爱，以爱传播爱，班级开展了丰富多彩的活动。作为一名班主任老师，要胸怀大爱，帮助学生学会感恩。以社会主义核心价值观倡导学生做"友善"的好少年，结合学校"求真向善"的育人理念，我以爱育爱，引领学生友善待人，回馈社会。我在班级布置了"善行树"，用叶片记录了他们互帮互助的故事。我们将爱传递，让善行树在社会中"开枝散叶"。在家长的帮助下，我们的爱心足迹延伸到了区养老院、河北省敬老院……孩子们向社会展现着自己的价值，我们也迈着坚定的步伐把社会给予的关爱回馈于社会，真正做到了让教育始于善归于善。

回首这八年的成长历程，我也遇到过很多困难，困难很多时候源于自身，我曾经就有感到疲惫不堪，想要停下来的时候。也曾有过家长的不理解……上班第一个星期就被学生的姥姥从门口拽出去给她找孩子，其实孩子被妈妈接走了！我一再解释她还是不听，当时我就被吓哭了，因为她说心脏病要犯了；还因为给孩子举办生日会，被家长扣上"造成攀比"的帽子，我甚至一度纠结，我这么尽心尽力了，为什么还是有不被理解的时候？但是当我在这条路上踌躇犹豫的时候，学校的领导和老师为我筑起了坚固的后盾，告诉我你已经很棒啦！然后我就以一副坚持不认输的姿态去《班主任》杂志中找应对策略。当准备各项比赛，好几宿睡不着觉的时候，孩子们一个小小的拥抱，一句"老师您是不是不舒服啊"就让我又有了元气满满坚持下去的力量！

现如今，面对荣誉与收获，我将一切归零，就像在参加市紫禁杯工作室开班仪式时老师嘱咐我们的一样，要迎接成长和突破的新起点，坚持认真学习，积极思考，勇于实践！老师们，成长的路难免会有波澜，可能会有荆棘，但是别忘了，我们是行实教师，行于实，方乃成！我们将付出与努力落到了实处，成长就会不期而遇，记住！努力出发的人，终会美好到达！

坚信"行于实，方乃成"，行在实处，成在获得！让每一颗种子朝气蓬勃地生长是每一位北工商附小人不断追逐的梦想！在"班级建设育人"之路上，我们将且行且思，逐梦前行……

四、善研为师，享受幸福

教育大计，教师为本。新时代的中国教育改革发展，对教师队伍建设提出了更高要求，要求建设一支高素质专业化创新型的教师队伍。高素质专业化创新型的教师队伍，必然是一支重视研究、具有较高的研究素养、具备反思意识和能力的教师队伍。在新的时代背景下，中小学教师需要学会教育研究。教师只有亲身体验研究过程，不断探索并解决教育中遇到的实际问题，才能逐渐成长为符合时代需要的专业人士。

研究是教师教书育人工作的应有之义。教师是从事教育教学工作的专业人员。教育教学既是科学，也是艺术。教育教学的科学性要求遵循教育教学规律、受教育者的身心发展规律和认知规律，科学合理安排教育内容，采取科学的教育教学方法。艺术性则体现在创造性、创新性，教育有法、法无定法。这必然要求教师不断地对教与学、受教育者的个性心理特征、教育教学的内外部环境等进行研究，以掌握有效的教育方法，改进教育教学实践工作，提高教育教学质量。可以说，开展研究或者工作与研究的有机结合，是教师从事教育教学工作的本质特征之一。

研究素养是教师素养的基本内容。既然研究是教书育人工作的应有之义，那么具备相应的研究素养，就成为教师素养的基本内容。同时，我国的相关政策对此提出了明确要求。《小学教师专业标准》《中学教师专业标准》都在"专业能力"领域"反思与发展"维度方面，提出教师要"针对教育教学工作中的现实需要与问题，进行探索和研究"。《教育部关于加强新时代教育科学研究工作的意见》（教政法〔2019〕16 号）明确提出，"中小学要积极开展教育教学实践研究，改进教学方法，提高教育质量"。开展研究工作需要具备相应的研究素养。

2008 年的秋天，我在琉璃河中心校任副校长，有幸走进了"基于学生发展的校本研究"课题组，从那开始，我有了与课题组梁院长等专家的亲密接触，有了与课题组老师们的同甘共苦，有了对"做幸福教师"的认识和理解。

基于学生发展的校本研究，是由中小学校长为第一责任人，年级组长为组织者，以班主任为主导，把同一班级的所有任课教师组成一个研究团队，以研究学生发展基础、存在问题、发展需求和潜能为研究对象，以有效促进每一个学生发展为目的，有组织、定期的研究活动。

本次研究与以往校本研究不同之处在于：一是打破了学科界限的研究，组成了以校长任组长，由教导处副主任为召集人，班主任为主导，由教同一个班的 10 名任课教师组成了一个研究团队。二是以学生为研究对象的研究，所有的研究问题来自学生，所有的干预措施作用于学生，研究的目的是促进学生的发展。三是走进班级的研究。针对班级特点，组织所有任课教师进行专题研究，在我校的校本研究中尚属首次。所以，基于学生发展的校本研究是真正走进学生、走进班级的研究，是真正研究学生问题、促进学生发展的研究。

（一）以团队合作为课题研究基础点

2008 年 9 月底，在参加梁教授和课题组专家培训讲座的基础上，我校建立了研究团队，张学士校长为第一责任人，李庆华副校长为副组长，教导处李爱琴副主任为召集人，班主任为主导，由教同一个班的 10 名任课教师组成了一个研究团队。课题组成员中有市级骨干教师两名，区级骨干教师 4 名，8 名课题组教师为 35 岁以下的青年教师。所有成员具有一定的科研能力，有精力、有热情、创新意识强。

在第一次课题组会上，我们向所有课题组成员提出要求：

（1）学习培训

积极参加课题组的各级各类培训，珍惜学习机会。日常实践中加强自学，能够随时学习课题负责人为课题组成员提供的一些网上共享学习材料。努力提高自己对课题的理解和认识，不断提升自身素质。

（2）探索实践

课题组成员共同采取的措施要积极在自己的课堂上实施，并及时交流效果，不断调整干预措施。

（3）交流反思

积极参与课题的研讨交流和实践；每次交流要谈出自己的实践和反思；积极提供给他人建议；随时做到在网上与课题组教师和学生进行交流。每学期要至少撰写一篇个案。在校园博客中参与课题讨论。

（二）以现实问题为课题研究切入点

一是确定研究对象和研究切入点。课题开始之初，我作为学校领导带领课题组成员开展调研，确定实验班级。通过调研发现，五年级的 3 班、

4 班这两个班，由于一些特殊原因，学生没有养成良好的学习习惯。在课堂教学中，五（3）班学生课上表现为气氛沉闷，部分学生胆子小不敢说，有的学生不知如何表达自己的想法，说话没有条理性。五（4）班学生课上表现为气氛"活跃"，自由发言的现象时常发生，教师的美好预案成了泡影，组织教学成了重点，有的学生积极表达，但抓不住重点，这成了各科教师头疼的问题。根据学校实际情况，我校确定的实验课题为"基于学生良好学习习惯培养的校本研究"。五（3）班和五（4）班为实验班级，研究对象为班级整体，整体的研究当然也离不开个体。从学习习惯方面看可以粗略地分为：学习态度、听课习惯、作业习惯、复习习惯、课外阅读习惯和时间支配习惯等。为了具有针对性和实效性，两个班级在进行教师问卷和学生、家长问卷的基础上，确定了各自班级研究的重点：五（3）班的研究重点为基于学生良好的表达习惯培养的校本研究；五（4）班的研究重点为基于学生良好倾听习惯培养的校本研究。

二是研讨、制定并实施干预方案。2008 年 10 月 22 日，在学校做了详细的实验方案后，我校召开了实验教师的研讨会，在会上，课题负责人公布了学校的实验计划，两位班主任分别主持，就各班的研究点，科任教师充分发表意见，把学生在课堂上的表现与其他教师分享，在大家形成共识的情况下，商讨干预的措施。课题负责人在听取了各位教师交流的基础上，提出了明确的要求，希望教师从第二天开始带课题进课堂，有意识地进行干预，在关注全班学生的基础上更加关注个别学生的进步，做好观察记录。

（三）以课堂干预为课题研究着力点

1. 各学科教师同时采取的干预措施

一是小组合作促进学生能力形成。我校要求课题组各科教师在课堂教学中，根据教学内容安排学生小组合作学习时，都要有目的地训练学生的表达能力和倾听能力。小组合作的模式为：明确合作要求——小组长组织讨论、形成观点——交流展示——同学质疑提问——回答致谢。在小组讨论、汇报交流中，学生们的倾听能力、表达能力得到锻炼。同时，也锻炼了学生与人交往合作的能力、搜集处理信息的能力等。

二是课前三分钟交流互动活动。各学科教师在每节课前都开展三分钟交流互动活动，过程为个人展示——互动交流。语文课上，先是主题小演讲、读自己的文章或诗朗诵等，然后同学们给出自己的评价。教师在班级评价栏中给予星星奖励。英语课上，开展话题表达：我昨天做了什么。美术课上，介绍自己的美术作品。科学课上，讲述科学家的故事、大自然的趣闻等。品社课上，介绍名人的小故事，介绍祖国各地的风土人情。音乐课上，三分钟小舞台，学生展示自己的特长，如：歌唱、舞蹈、朗诵、戏剧、曲艺等。孩子们用心地准备和展示，真诚地交流和评价，培养锻炼了他们表达与倾听的能力。

三是评价激励，形成能力。所有任课教师在课上均采取了语言激励、评价跟进的策略，有效促进学生能力的形成。只要发现学生的进步和优点，各科教师都及时给予表扬，以点促面，扩大激励作用，使得全班同学有高涨的积极性参与到活动中。

2. 实验班级采取的干预策略

一是五（3）班的研究重点为：基于学生良好的表达习惯培养的校本研究。

①评价激励，增强自信

班主任教师为了鼓励学生们积极发言，由每个小组长每天对本组同学的课上发言情况进行统计记录，每周评选出本组发言积极的同学，在班级评价栏中奖励星星。

②教师示范，教孩子学会表达

针对有的孩子不会表达、不知道怎么表达的现状，各科教师根据本学科特点，采取了教师示范、同伴引领、小组练习的方法。教师用本学科规范的语言向孩子们做示范，然后学生们在小组内进行交流，互相学习，最后全班交流汇报。

③同伴互助，增强自信

音乐学科陆彩云老师，针对胆子小不敢说话的孩子，采取同伴互助的办法。每次都允许这样的孩子找一个自己的同伴一起演唱歌曲，慢慢地，孩子敢自己张口唱了。

④循环日记，促进表达

吕英华老师在语文课教学中，将全班分为六个小组，以组为单位写日记，第一个同学写完后，第二个同学进行点评后，自己再撰写一篇，依次往下进行，称为循环日记。孩子们写的内容可以是日记，也可以是摘抄。在写的过程中锻炼了孩子们的书面表达能力。

二是五（4）班的研究重点：基于学生良好倾听习惯培养的校本研究。采取的策略主要有：

①变抄作业为"听"作业

我们要求各科教师在布置作业时，不再写到黑板上，而是教师口述，学生记录。开始时，要求教师语速慢一些，要重复 2～3 遍，随着训练时间的推移，要逐渐改变语速，减少重复的次数。

②说出你听到了什么

教师们在课上针对有些教学内容，让孩子们重复老师或同学刚刚说过的话，以此来培养学生认真倾听的习惯。

③生生评价，促进倾听

语文课上，孩子们会在同伴读完课文后，积极踊跃地评价，表扬肯定优点，及时地指出哪个字音读错了、哪儿丢字了等问题。如果没有认真地倾听，怎么能评价同伴呢？

④树立榜样，引导倾听

教师在课上及时表扬做得好的同学，在同学中树立榜样，让孩子们有榜样可学，引导更多的同学学会倾听。教师在课上认真倾听学生发言，不随便打断学生，这本身就是一种榜样作用。

三是主题活动，促进习惯形成。两个实验班，都采用了主题活动的形式，培养学生的表达能力和倾听习惯。五（3）班结合读书活动开展了"我读书 我快乐 我智慧"主题活动。孩子们从班级书库借阅了书籍，写出了读后感，在交流读书体会的同时，向同学们推荐一本好书；五（4）班开展了"学会倾听　尊重他人"演讲比赛，学生不但学会了交流倾听的方法，更懂得了认真倾听是尊重他人的表现。

良乡小学学科实验教师课堂内采取干预措施一览表

		在校本教研中培养学生良好表达习惯的研究	在校本教研中培养学生良好倾听习惯的研究
统一的干预措施		1. 课前三分钟交流互动； 2. 多鼓励，少批评，评价激励； 3. 教师示范引领； 4. 小组合作促进学生能力形成。	1. 教师认真倾听榜样示范； 2. 布置作业变"抄写"为"听记"； 3. 课前三分钟介绍，学会倾听； 4. 评价方式多样，激励学生； 5. 小组合作促进学生能力的形成。
学科教师采取的干预措施	美术	1. 在作业本上设奖励区； 2. 三分钟作品介绍。	
	科学	1. 表扬激励； 2. 教会学生如何说话； 3. 提供说话机会。	及时提醒指导。
	劳动	改进课堂提问设计。	
	品社	1. 抓住闪光点及时评价； 2. 组织生生评价； 3. 每节课评选交流表达优秀生。	1. 树立学生倾听榜样； 2. 指导学生对他人发言进行补充评议。
	英语	1. 评价全过程、全方位，奖励方式多样（小组评价、个人奖励）； 2. 课堂固定指令训练； 3. 使用信息技术。	

		在校本教研中培养学生良好表达习惯的研究	在校本教研中培养学生良好倾听习惯的研究
学科教师采取的干预措施	信息技术	设置任务，小组内，全班互评。	
	体育	采取多种提问方法。	1. 强化课堂常规； 2. 教师示范； 3. 改变教学方式，激发学习兴趣。
	音乐	1. 小组表演，克服胆小； 2. 教会孩子说完整话。	1. 加强组织教学； 2. 关注纪律差的学生。
	班主任	1. 课前三分钟阅读； 2. "一帮一"互助，互帮； 3. 循环日记； 4. 读书演讲比赛。	1. 开展"学会倾听，尊重他人"的演讲比赛； 2. 评价"倾听之星"，记入班级评价。

课前三分钟交流互动

学科	内容	模式
语文	主题小演讲 读自己的文章或诗朗诵	个人展示 ↓ 互动交流 ↓ 师生评价
英语	话题表达：我昨天做了什么	
美术	介绍自己的美术作品	
科学	讲述科学家的故事、大自然的趣闻	
品社	介绍名人的小故事，介绍祖国各地的风土人情	
音乐	三分钟小舞台，学生展示自己的特长	
体育	介绍体育明星、奥运小知识	

课堂外采取的干预措施

研究重点	在校本教研中培养学生良好表达习惯的研究	在校本教研中培养学生良好倾听习惯的研究
干预措施	1. 成立广播小组，轮流利用中午时间在广播站向全校同学广播诗歌、朗诵古诗、节日习俗等； 2. 学生利用校园网的博客发表自己的文章，教师进行点评鼓励； 3. 家访鼓励：给学生写表扬信交给家长、短信报喜、发喜报奖状等。	1. 成立天气预报小组，认真听、记天气预报，第二天写在校园的天气预报栏中； 2. 创造展示机会； 3. 家访鼓励：给学生写表扬信交给家长、短信报喜、发喜报奖状等。

（四）以反思改进为课题研究深化点

在实施的过程中课题组成员不断地反思和调整干预方案，结合自己学科的特点，培养学生在某方面的习惯有所改变和加强。

11 月 4 日，课题组的专家来到我校，听取了我校课题组教师的汇报，提出了非常好的建议。我们及时调整干预方案，将所有任课教师共同采取的干预措施进行梳理，及时召开课题会进行布置。

任课教师下课后，都会及时沟通，反思一节课的成功与失败。任课教师间及时地沟通，将干预措施及时实践。如，美术课李老师在课间得知五（4）班上一节课表现不是很好，她在上课开始时对孩子们说："上节课的老师表扬你们班在回答问题方面表现很好，相信这节课你们会在听讲、动手方面表现得更好！"短短一句话，使得学生们在下一节课中表现得非常好！

实验教师们每上完一节课，都会自觉地反思自己的做法是否恰当，效果是否明显，训练着力点是否有体现。老师们有这样几个改变：

一是变埋怨学生为反思自己。以往的课间，经常听到老师们抱怨：这个班的学生死气沉沉，没有爱发言的；这个班的学生不会听讲；等等。究到底，问题可能就出在老师身上。现在的课间，老师们经常讨论和反思，我的方法行吗？课堂效果不太理想，是不是我哪儿做得不够？

二是变批评指责为激励表扬。老师们现在表扬激励的语言多了，经常听到老师们讨论：今天某某同学积极发言，进步真大！某某的声音真洪亮！孩子们会说了！会听了！

三是变单打独斗为团队合作。以往的各科教师是单打独斗，现在的老师们是集思广益，团结合作。不论是哪个学科的教师，大家都在关注学生的说，都在关注学生的听，所取得的效果肯定不一样。

四是变被动参与为主动交流。以往的教研活动都是围绕着学生的不足进行研讨，现在的研讨都在捕捉学生的闪光点，教师们的心情好了，参与的积极性高了，教研的实效性也提高了。

其实，不但实验教师在改变，他们也在影响周围的同事，实现了研究的辐射作用。焦冉老师本学期新调入我校任三（5）班班主任，与课题组隗娜老师在同一办公室，了解了课题的有关内容后，把课题的理念运用到教育教学中，和谐了师生关系。有一次，焦冉老师让学生们用一句话来形容老师在他们眼里的样子。刘俨少同学写道："老师在我眼里是疯狂的狮子。"她看后没有生气，而是反思自己是否在工作中太急躁了，才会造成孩子这种印象。之后，老师改变了自己的做法，不断调整干预策略。主动与孩子聊天，及时表扬鼓励，与家长达成一致，孩子在家里的优秀表现，也在全班表扬，孩子期中检测成绩进步，老师送给他一副手套做礼物。家长说，孩子特别珍惜这副手套，在家里小心翼翼地收藏，舍不得戴，还告诉家里每一个人，焦老师是最美的，谁也不许说焦老师不好。不足四个月的时间里，老师用鼓励和爱转化了师生关系。这也说明，只有不断反思实践，不断调整干预措施，才会使课题不断深入，才会真正做到促进学生健康发展。

（五）以学生发展为课题研究落脚点

课题研究的目的，是促进学生增强自信，能力提升，习惯养成，全面发展，班级优秀。

11 月 13 日和 12 月 10 日，我校组织老师分别听了两个实验班的实验课。通过两次听课，我们欣喜地发现，学生们确实在进步。积极发言的学生多了，说话条理性强了，懂得尊重别人了，懂得用欣赏的眼光去评价他人了，课堂效果在一点点提升。

五（3）班杜思旭同学由原来的"听众"，积极参与到小组讨论中来了，胆子小的同学敢说了，增强自信心了。五（4）班李全的家长说，李全原来在家做作业时，总是心不在焉，根本坐不住，现在专心学习的时间比原来长了。课题组的老师们也说，李全原来上课时总爱随便讲话，小动作也多，现在上课知道尊重他人发言了，随便插话的现象少多了。刘祎同学专门准备了记作业的小本，专心听老师说作业，不完成作业的现象几乎没有了。课题的研究实践，促进了良好集体的形成，在学校举行的拔河和古诗文诵读活动中，五（3）班都获得了优胜奖，这说明课题研究已经看到了一些效果。

（六）以建立机制为课题研究支撑点

为了保障课题顺利实施，课题组制定了研究措施：一是参与课题研究教师在"十一五"继续教育中记学分，每参加一次课题研讨活动记 0.1 学分。二是教师在课题活动中的表现计入教师月考核，并在学年教师考核中体现。三是每月最后一周的周三为课题组活动时间，课题组成员要进行交流汇报，达到不断反思提高的目的。四是每学期末评选课题研究先进教师，在全校表彰。五是参与课题研究情况作为评选骨干教师的条件之一。

总之，在课题研究的日子里，每一次研讨，都是一次激情对话；每一次争论，都是一次智慧共享。研究与思考，使我们积累了"走进学生"的底气——有效干预的策略，在研究学生、追求有效教学的过程中，一大批教师成为研究骨干，成为我校校本研究的引领人。研究让学生们增强自信，能力提升，习惯养成，全面发展，班级优秀。研究让我们增强了研究意识，确立了生本观念。把原来耳熟能详的新理念真正应用到了教学实践中。大家在交流反思和对比分析的过程中，实现了一次次对教材的超越。每次的研讨少了些客套恭维，多了些率真直言；少了些浅尝辄止，多了些深入反思；少了些功利追逐，多了些真实成长，实现了一次次对自我的超越。这，便是课题研究的魅力所在吧！

研究学生是教育教学的关键问题，校本研究的过程就是解决关键问题的过程。通过研究实践，学生的潜能得到开发，自信得到增强，素质得到发展。培养学生良好的表达、倾听等学习习惯，创建优秀的班集体，不断促进学生健康发展，将是校本研究不断追求的目标。而今，"思考着行走""快乐地工作"已逐渐成为我的工作方式、生活方式和思维方式。体味幸福需要一份内心的宁静，需要在工作实践中细细品味。幸福是一份责任，是对国家、对学生、对家长、对社会的一份责任，更是在自我人生价值追求中的一份内心体验！

第 六 章
成长·可期

乌申斯基说："如果教育家要从多方面培养人，那么他首先应该多方面了解学生。"文化是反映人类在社会实践过程中形成的创造性成果的一种社会现象。中小学学校文化作为人类文化体系中重要的有机组成部分，在整个基础教育中具有重要的地位，在人类知识传播、知识创新、人才培养和科学研究的实践中起着重要作用。它通过规范、暗示、熏陶、启迪和管理等方式直接或间接地影响学生的思想观念、道德体系、心理人格和行为习惯，从而促进学生的全面发展。学校就是培养、影响、塑造学生个体的主要阵地。因而有着怎样的学校文化，处在校园环境中的学生个体就会有着怎样的精神状态，有着怎样的世界观、人生观、价值观，而这又直接关涉到个体未来的发展和生活状态、命运与幸福。教育在于将美好、将价值置于生命个体的内心之中，而这种"价值"是一种内在的人性高度的价值。关注学生的生命成长，"一切为了学生，为了学生的一切"，以一种良性的、以成长为取向的精神文化来引领学校文化建设，进而构筑符合时代发展的学校文化，是教育发展的必然。

一、家校社合，德育一体

德育是构建德智体美劳全面培养的教育体系的重要组成部分，在落实立德树人、培育时代新人中发挥着举足轻重的作用。自从 2005 年教育部印发《关于整体规划大中小学德育体系的意见》以来，推进德育一体化建设、整体构建大中小学德育体系已成为德育领域的重要主题。德育一体化建设则是立足于德育体制机制改革的需要以及人的全面发展的需要，致力于构建整体的、系统的、衔接的德育体系，促进德育的理念、目标、课程、方法等方面的一体化的建构，革除德育体系的碎片化、割裂化、分散化的弊病，从而实现培养全面发展的人的使命。①

德育一体化要有效地推进协同育人，德育一体化离不开协同性、开放性的德育实施体系的建构。通过这种开放而协同的德育实施体系，可以不断拓展德育工作的途径和渠道，增进德育工作的纵向衔接和横向贯通，形成跨学科、跨学校、跨学段的德育实施，实现协同育人的德育效果。这种协同育人的德育实施体系的建构包括以下三个基本方面：坚持全科育人，构建跨学科德育实施体系；突出全员育人，构建跨学校德育实施体系；凸显全程育人，构建跨学段德育实施体系。

北工商附小（良乡中心小学）作为北京市一体化德育研究基地校，基于对学校实际的不断思考，逐渐明确进行德育一体化建设的思路：一是由内及外。内是指我们学校本身，三校区德育管理做到十个统一，同频共振。外是指我们的周边西潞幼儿园、北工商附中、北京工商大学，做好小幼、中小衔接，利用好大学资源，形成学段间一体化德育教育的联系和贯通。二是由表及里。德育教育从形式走向内涵，德育活动实施形成内容、形式、实施、效果一体化的设计；学科育人形成五育相融的一体化课堂育人实践，让学生在道德冲突、道德实践中形成良好的道德品质。三是由看到进。实践一体化的德育管理。由原来的到校区看一看、转一转、问一问，到现在副校级干部任校区支部书记，到校区兼课，每周到校区上班半天。实现校内德育管理一体化，三个校区同步进行。

2019 年，我校德育工作以"一个目标，一条主线，两个原则，三项工作"贯穿。明确"一个目标"，立德树人；贯穿"一条主线"，爱国主义教育；遵循"两个原则"，文化育人原则，全员育人原则；做实"三项工作"，做实常规工作，助推养成教育；做实爱国主义教育，发挥育人功效；做实协同育人工作，深化全员育人机制。

（一）做实常规工作，助推养成教育

学校以文化育人为抓手，通过学生文化建设，狠抓常规工作。"求真

---

① 叶飞，檀传宝：《德育一体化建设的理念基础与实践路径》，《教育研究》，2020 年第 7 期，第 50 页。

向善，求实达成"是评价附小行实少年的标准，学校通过"123"活动着力培养学生的行为习惯，夯实常规养成。"1"是扎实开展入学教育，从一年级打牢养成教育基础。"2"是两类德育课程：行实习惯培养课程和行实品质涵养课程，通过这两类课程在日常教学和班级管理过程中正学生规范、养学生品行。"3"是三项标准，通过《北工商附小"种子成长"评价标准》《北工商附小"行实少年"养成细则暨"四姿五会"标准》《北工商附小"六比六看"行为标准》切实促进学生基础素养的形成，做到统一要求，统一标准，统一评价。

以"种子成长评价"为例。三年来，我们依据学校育人目标和学生核心素养内容，形成了附小"种子成长评价体系"，从身心健康、德行养成、学科素养、实践能力和特长爱好五个领域进行评价，评选十项内容的"行实小种子"，即守纪小种子、文明小种子、友爱小种子、环保小种子、学习小种子、读书小种子、体育小种子、艺术小种子、劳动小种子、进步小种子。评选过程与各学科、各班级日常评价相结合，关注学生日常的进步和发展，以随机评价和跟踪评价方式随时进行，每月末进行一次总评。各学科、各教师结合日常评价制定"种子印"的兑换数量及方式。每领域获得 10 个"种子印"兑换一支"种子笔"。期末总评，评选"行实小种子"，促进小种子全面而有个性地发展。学校和班级对获得"行实小种子"称号的同学颁发种子徽章和奖状，学期末参与学校的"行实少年"评选。

这学期，在这个基础上，我们又重新梳理了德育监测点，从入校开始梳理了一日常规，进一步规范了学生的行为，强化常规的养成。从课堂到课间、从学校到社区、从班级到家庭，全方位评价学生的学习生活，让学生良好的行为习惯在校内校外皆有养成，由学校延伸到家庭、社会。

（二）做实爱国主义教育，发挥育人功效

本学年，我们以庆祝新中国成立 70 周年为契机，开展"我的祖国我的家——行实少年展风采庆祝新中国七十华诞"爱国主义教育系列活动。

一是贯穿全年开展以"庆祝新中国成立 70 周年"为主题的系列升旗仪式。每周一由党员教师进行国旗下教育，2019 年 7 月 1 日，举行特殊的

升旗仪式。邀请幼儿园小朋友、北工商附中的中学生来校一起担任升旗手、护旗手。中小幼联合升旗仪式促进、加强了学段间的德育融合。

二是国庆期间开展"我与国旗同框"活动，记录了学生与国旗在一起的骄傲，激发爱国情怀。

三是 2019 年 6 月，开展"童心向党 逐梦未来"校园红色艺术节之唱红歌活动，班班参加，使爱国主义精神扎根在学生心中。

四是 2019 年 9 月—10 月，在全校范围内开展爱国主义教育校本课程——暨"人人上好思政课"活动。

为进一步落实立德树人的根本任务，贯彻"习近平总书记在学校思政课教师座谈会重要讲话精神"，深化全员育德思想，我校在本学期开学就组织了"人人上好思政课"活动，三校区干部、教师全员参与，分三个阶段开展：

第一阶段，全体科任教师进班，上好爱国主义教育课程。教学内容可以和所教学科结合，充分发掘、拓展爱国主义教育的内容和素材，利用多种资源，进行课程实施；

第二阶段，全体干部和管理人员进班，上爱国主义教育课程，开展理想信念教育，帮助学生树立正确的世界观、人生观、价值观；

第三阶段，全体中队辅导员老师进中队开队会，要求有规范的队会仪式和流程，队会活动和内容由辅导员老师指导少先队小干部和队员完成，队会由少先队员自主组织开展。

在这近两个月的活动中，三校区共有 180 节思政课分段开展，共有 2 800 余名学生从不同角度受到爱国主义教育，让爱国情、强国志、报国行扎根在学生心中。我们每位干部、教师更要立足工作岗位，把思政意识渗透在每一节课中，也就是"思政"要课程化，课程要"思政"化。在 2019 年 11 月 4 日，我们召开了阶段性展示汇报活动，区教委领导对活动的开展及成果给予高度的评价。

五是开展"行实小种子"向祖国献礼暨课外活动展示汇报。我们学校面向的是北京市金帆书画院，11 月，孩子们进行了"庆祝新中国成立 70

周年书画展"，全校师生进行了观看。

（三）做实协同育人工作，深化全员育人机制

1. 加强教师队伍建设，深化全员育人

（1）依托班主任工作室，开展德育大教研活动

围绕常规管理、班级评价、家校沟通、特殊学生教育与管理等方面，开展"今日我主讲"活动，自主申报与轮流结合，每次1人主讲，解决班级管理问题，提升班级建设能力。

（2）依托"四个一"活动提升班主任育德能力

一月一研一主题：班主任和科任教师联席教研，全员参与，全员德育。开学第一周各年级梳理完成本年级各月重点需要解决的问题，按月推进，每次重点解决一个问题。

一月一赛一规范：每月开展一次班级竞赛，规范班级常规管理。

一周一课一深化：上好主题班队会课，围绕各年级行实品质涵养课程内容，专时专用。

一周一班一展示：每周都有一个班级参与学校活动，展示班级风采。他们负责组织升旗仪式的所有环节并在升旗仪式中进行班级风采展示，班级学生的作品也会在学校展示区进行为期一周的展示，同时还要负责本周的广播、礼仪岗、监察岗等工作，让每一个学生都有机会参与学校管理、都有机会站在校园的舞台上展示自己、都有一次能让自己的特长得以展示的机会。班主任要组织好活动，丰富展示内容，规范展示流程，提升展示水平。

（3）深化全员育人机制，明确"人人都是德育工作者"责任

加强全员德育管理队伍建设，做好年级组长、科任组长培训工作，明确年级组长、科任组长工作职责，发挥组长在全员育人工作中的作用，提升教师的教育和爱国情怀，带动年级组育人水平整体提高。

2. 打造"家校社"教育共同体，实现全方位育人

为进一步促进家校合作，构建学校、家庭、社会三位一体的教育体系，形成教育合力，实现全方位的育人目标。本学期，我校启动了"驻校

观察员"家长志愿者进校园活动。以班级家委会为单位，招募"驻校观察员"家长志愿者，每天四位家长走进学校，参与学校各项活动，管理学生课间纪律，维护上、放学学校门口秩序、保卫学生安全，走进班级听课等，每天都是校园开放日，让家长们充分了解学校工作，参与到学校的管理中，多提宝贵建议，促进学校的发展，助力学生健康成长和良好品行的形成，也成为校园内一道美丽而温暖的风景。

未来，我们将进一步落实立德树人，开展德智体美劳五育融合的深入探索和实践。一是继续加强学科育人建设：努力做到知识、方法、跨学科融合，实现学科育人价值最大化；二是继续加强项目式学习的实践，以此为载体，培养学生的综合素养；三是加强家、校、社合作，形成合力，通过不同教育内容、主体及资源之间相互协调、形成合力，促进学生健康成长。

二、关注差异，科学干预

党的十九大报告中指出："推动城乡义务教育一体化发展，高度重视农村义务教育，努力让每个孩子都能享有公平而有质量的教育。"这是以习总书记为核心的党中央对我国教育事业具有战略意义的政策导向。如何让每个孩子都能享有公平而有质量的教育是我们每个教育人的追求，在这条路上，我们一直在思考、在实践……

（一）我的困惑——山重水复疑无路

我从 2004 年开始担任教学副校长，2009 年走上校长岗位，14 年来，经常遇到各种各样的问题：如何调动教师的积极性，如何利用好社区资源，如何提高教学实效性，如何深化课程建设，等等。而最难解决的莫过于各班中的困难学生。

您是否会遇到：老师们向我诉苦，某某怎么不好管，怎么教都不会，还影响其他同学，和某某着急，血压高了，没招了……

您是否会经历：因为老师的恨铁不成钢，对个别孩子大呼小叫，方法不当，招致家长的不满，埋下家校矛盾的种子……

您是否会感到：在学生身上用尽各种办法，但效果不明显，从而无能为力，老师也是爱莫能助……

您是否会看到：有个别孩子经常低着头，不爱说话，课上不敢举手，因为他缺少自信……

这些孩子，虽是个别，却备受教师关注，他们的名字我们都能叫上来，他们都是老师们的"掌中宝"和"心头肉"，因为老师们把大部分工作时间给了他！看不到效果时，那种沮丧、失望的心情可想而知。

老师认为和我反映问题了，我就能给出满意的答案和有效的解决办法！家长把学生放在学校了，就期待孩子能有进步，有实际获得！孩子们要全面发展，分数不是唯一评价指标，但是能让孩子们在学习上都有收获也是我们的愿望！面对这些，我们必须正视现实，直面问题，努力解决！但是又时常感到力不能及，爱莫能助，这些困难学生也成为我的一块"心病"。

（二）出现转机——柳暗花明又一村

2008 年，我们从区教科室得到消息，北师大梁威教授主持研制的"数学分层测试卡"和"基于学生发展的校本研究"两个课题，在解决学习困难学生方面效果很好。于是，我就积极主动地联系了教科室，参与到梁威教授的课题实践研究中。

众所周知，数学学科学习中，孩子们最容易出现两极分化。慢慢地失去信心，出现厌学情绪，就掉队了！而《数学分层测试卡》就解决了老师们在数学教学中的难题。记得第一次见到《数学分层测试卡》，许多教师都不禁产生这样的疑惑：这不就是一本数学练习册吗？它有那么神奇吗？

1. 培训中转变观念

通过听专家讲座和课题组研讨学习，大家逐渐知道这本测试卡里，蕴含着深刻的教育思想：尊重差异、关注差异，分类指导、分层评价。认识到差异的客观存在，不能用一把尺子去衡量学生，要让每个学生都能获得成功的体验。这正是老师们要改变的观念。

2. 实践中做到"三个结合"

一是与"减负提质"相结合。减负提质是我们长期在做的一项工作，而《数学分层测试卡》就是一个实实在在的抓手和载体。二是与课堂建设相结合，将"分类指导、分层评价，让每名学生都能获得成功的体验"作为优化课堂的重要途径。三是与日常教学常规管理相结合。由"备教材，备学生"到"备教材，备学生、备测试卡"，由"练习分层"到"目标分层、提问分层、评价分层、练习分层、作业分层"。

3. 研究中促进落实

使用初期，主要由骨干教师上引路课，进行分层测试卡的使用培训，让实验教师尽快熟悉教学模式。运用校本课例研究的形式，重点通过有效评价，扬起学生自信的风帆，不同的学生得到不同的发展。采用教师同课异构或同一内容原始课、改进课滚动研究的形式，让老师们尽快熟悉使用方法。

我们重课堂实践，更重课后研讨。首先，要明确研究主题，根据教师调研，确定一个教师最为困惑的共性问题作为一段时间内研讨的主题，要求教师前期参与，带着问题听课、讨论，做到目标明确、有的放矢，如"教师当堂批改不过来怎么办""如何做到教材与分层测试卡的有机结合""多样化的评价方式，让学生保持对'100'分的渴望"等；其次，要创造平等、合作、分享的氛围，让教师在讨论中畅所欲言；最后，主持人要把握好话语主动权的调控，聚焦主题，及时追问，达成共识，形成策略。

4. 将理念在各学科中落实践行

《数学分层测试卡》带给教师最大的变化是教育观念的变化。它不仅在数学学科中有作用，老师们一旦认同，会把这种理念带到其他学科的课堂上，教师手中不再只有一把"尺子"，眼中不再只有"差生"，脑中不再只有分数。有的是日益融洽的师生关系。教师积极参与课题研究，并在研究中体验到成功的快乐。齐苹老师写道："真切地体验到'研究者'的充实与自在，体会到'拨开云雾，喜见阳光'的幸福与快乐！"

老师们面对学习基础参差不齐的现状不再困惑不前，而是积极采取行之有效的方法：

一是前期调研，摸清底数。学校针对学生的现状开展工作，每学期初，学校要求每位教师都要对学生的家庭状况、学习基础进行全面了解，对数学、语文、英语三科统一检测，并按检测结果对学生进行分层，相关教师对照学生成绩分层分析，分层制定教学措施。同时召开家长会，争取家长的支持、配合。二是依据差异，聚焦课堂。针对实际，研究备课。在备课中教师把"研究学生找准教学起点"作为备课的中心议题，考虑学生是否已掌握或部分掌握了教学目标中要求掌握的知识和技能，掌握的程度怎样，没有掌握的是哪些知识；哪些新知识学生自己能够自主学习，哪些需要教师的引导和点拨。从而确定哪些知识需要重点辅导，哪些可以略讲，以便把握好教学起点并有针对性地设计教学过程，突出教学重点，提高课堂效率。三是上下关联，夯实基础。学生知识的参差不齐给老师上课增加了难度，教师们采取"上下关联"的策略，即根据学习新知识的需要补足旧知识，这样做不但满足课堂的需要，还分散难点，让学生有时间和空间吸收消化，逐渐补足。而且每一学科的每一节课教师都有意识地进行上下关联，以便学生在学习新知识的同时巩固基础知识，帮助部分学生跟上步伐。在探索课堂"上下关联"的同时，教师们还积极进行"课前补旧，课后补救"，努力缩小孩子之间的差距。

5. 老师们的感受

老师一：《数学分层测试卡》的第一层基础练习题，加强了学困生对基础知识的掌握，在实际教学中，我一旦发现学困生第一层次的练习做对了，就及时地予以表扬鼓励，这样比较符合学生的好胜心理。同时，也为他们的学习扫清了障碍，学生心理平衡了，心情愉快了，学习的积极性也越来越高。又如有些同学已经很认真地学了，总是差一点儿而得不了一百分，于是，我便在他们所做的题的旁边写上"再努力些，成功就在你眼前！"或"加油，你一定会成功的！"等。第三层是拓展题，我适当引导优等生，为他们进一步探索知识指明方向，这些学生觉得自己在不停地向知识的新领域迈进，心里有说不出的愉快。

老师二：《数学分层测试卡》解放了老师。我不用再像以前那样到处找题选题编题了，没有教学经验的教师有时题目还找得不合适，影响了教学效果，而分层测试卡则解决了以上问题。《数学分层测试卡》帮助学生找回了自信。每个学生都需要尊重，都渴望成功，而学困生从小就与100分无缘，常常不及格，常常遭到周围人的轻视，很受压抑，因此他们的情绪很低落，心灰意冷，对学习毫无兴趣。如果想让他们对数学感兴趣，首先让他们有成功感。分层评价给每一个学生提供了成功的机会，让每一个学生都能享受到成功的快乐。学困生逐渐学会自我激励，我们班张英杰同学在数学日记上这样写着："我是个自信的人，我相信自己能够将数学学好，因为我勇于挑战自我！""当我遇到挫时，我对自己说，我能行！别人能做的，我也行！"

对于数学学习有困难的学生，因为过去时常完不成作业，老师的态度慢慢变得生硬，他们惧怕、疏远老师。《数学分层测试卡》使他们能够轻松地按时完成作业，师生关系得到了改善，由疏远教师到亲近教师，密切了师生关系。学生们学习数学的兴趣提高了，成绩提高了。"学困生"脱困了，不再受到指责、批评，对数学的恐惧感一点点减少，也能得到"100分"。中等生进步了，优秀生提高了。一位学生在数学日记中写道：我一直是个粗心大意的小学生，可就因为它的出现，让我对大多数的题有了更深一步的了解，我的数学成绩有了很大的长进。这次数学成绩全班有8个上90分的，其中就有我一个，这让我从一个中等生，在一直步步高升。它对我的数学成绩有很大帮助，我太喜欢它了。

每个孩子都是种子，只不过每个人的花期不同。有的花，一开始就灿烂绽放；有的花，需要漫长的等待。不要看着别人怒放了，自己的那棵没有动静就着急，相信是花都有自己的花期，细心地呵护自己的花慢慢地看着长大，陪着它沐浴阳光风雨，这何尝不是一种幸福。相信孩子，静等花开。也许你的种子永远不会开花，因为它是一棵参天大树。

孩子们的差异有些是与生俱来的，有些是可以通过教育和自身努力改变的，我作为学校领导，面对每一个生命个体，不断地研究学生、读懂学生，带领教师用实实在在的行动帮助孩子们走出学习困境，是我们义不容辞的责任。在和梁教授一起做研究的日子里，让我们看到了孩子们的变化，更体味到做教师的幸福，关注差异，科学干预，让每一个孩子长成他最好的模样，是我们一直努力的方向！

三、校本研究，培育素养

2019年6月23日，中共中央、国务院颁布《关于深化教育教学改革全面提高义务教育质量的意见》。《意见》提出，"坚持立德树人，着力培养担当民族复兴大任的时代新人"，要求义务教育学校坚持"五育"并举，全面发展素质教育；强化课堂主阵地作用，切实提高课堂教学质量。由此可见，"培养什么人""怎样培养人"这是学校教育永恒的主题，学生发展核心素养是国家育人目标具体化、细化的顶层设计。学校作为办学实践者，如何根据国家顶层设计的核心素养体系进行校本化的建构与实施，就是在回答培养什么人，怎样培养人的问题。近两年，北工商附小依托校本研究，做了一些实践与探索。

（一）直面问题，整体设计

核心素养的培育是学校落实立德树人根本任务的关键内容，而如何让核心素养落地成为我们思考的重点：

一是学生核心素养如何与学校文化对接，与学校的办学理念、育人目标一脉相承，进行校本化的建构与表达。二是落位学生核心素养的途径不止一个，如何与学校实际对接，发挥优势，选准实施途径促进整体落位实施。

基于以上思考，学校成立课题组，以"1＋3"的方式进行整体设计："1"为学校总课题，即学生核心素养的校本化建构与实施。"3"为围绕总课题开展三个小课题，即基于学生核心素养的校本化表达；基于核心素养的种子成长课程的建构与实施；学生核心素养落位于班级文化建设的探索与实践。"1＋3"的研究架构，让核心素养校本化培育有了落地的力量。

（二）研究实践，促进落位

课题实施过程中，我们的思路是：全员参与、分工合作，重点实施。

全体干部和组长研究基于学生核心素养的校本化表达，教学部门重点研究实施基于核心素养的种子成长课程的建构与实施，德育部门重点做好学生核心素养落位于班级文化建设的探索与实践。

1. 核心素养的校本化建构表达

依据国家核心素养体系，充分研究学段特点和学校传承持久的育人目标，从而形成在学校落地的核心素养校本化建构。

育人目标是学校培养人的基本出发点与最终的归宿。我们重新审视办学定位、办学理念、育人目标和核心素养，是否落实了国家的教育方针、体现学校的传承发展、满足学生成长需求等。全体干部教师和家长参与问卷调研、整理提炼、深入研讨。

生命成长是教育的终极目标，实践体验是学生重要的习得途径，让学校成为学生生命成长的体验场，让每个孩子在体验中成长、参与中获得就是我们的办学定位。基于办学定位和多年体验教育特色，凝练"行于实，方乃成"的办学理念，构建了学校文化框架。每个孩子都是一颗充满生命力、充满希望的种子。培育孩子，就是为祖国播种希望、播种梦想、播种未来。"让每一颗种子朝气蓬勃地生长"作为学校的育人目标，即凸显表达了学校的育人追求、对学生的未来期许。"健康乐学 顽强自立 求实向善"的校本化表达，就是我们对朝气蓬勃样态的期许。

2. 核心素养的校本化实践

（1）途径一：在种子成长课程建设中培育学生核心素养

课程是学校教育的核心，是学生成长的保证；课程是生长的、是每个孩子的生活、是人影响人的载体。如何在"行于实，方乃成"办学理念的引领下，科学构建适合学生发展的"种子成长课程体系"，发挥课程整体育人功效，实现育人目标是我们的研究主题。

第一，做实课程发展分析。采取问卷调查、个别访谈、分析研究等路径，运用SWOT分析工具，对学校课程发展的优势、劣势、机会、威胁和行动策略进行了梳理与分析，为完善学校的课程体系提供依据。努力追求由基于经验走向基于实证。

第二，逐步完善课程结构。在学校育人目标的引领下，依据种子成长的需要及种子的精神、特性，从道德与修养、语言与人文、科学与技术、体育与健康、艺术与审美五个领域和根基、磨砺、适性三个层面构建"种子成长"课程体系框架。圆环由内而外的生发，是为了隐喻种子由内而外的内生力。

第三，重构课程空间，建设十大体验区课程。在利用北工商、家长、社会等资源优势的前提下，发挥校内十大体验区的资源优势，重构课程空间，给学生更大的选择性，为学生提供专题性课程资源。如楼内的"科技探梦区"和"艺术体验区"，楼道内分别布置了学生可以随时体验的科技设备和乐器赏析，并与同楼层专用教室环境建设浑然一体，在学生体验的基础上，根据个性化的需求，形成学生个性化定制课程，采取班级定制课程、小组定制课程或个人定制课程的形式，促使体验区生发课程，促进学生个性化发展。十大生命体验区建设的初衷，是将环境文化建设融于学生体验场和种子成长课程中，努力为每一颗种子创造无限生长、充分体验的可能。目前重点打造的是：阅读体验区——重点是"校本阅读"和"体验式习作"，绿色生态体验区——"科学种子计划"，艺术体验区——"纸造型"和"鼓乐课程"。

（2）途径二：在班级文化建设中培育学生核心素养

以班级文化建设作为培养学生核心素养的主要载体，以培育身心健康、责任担当、有创新精神和实践能力等综合素养的学生为班级文化建设的目标，让班级成员在"家"文化的系列价值观引领下，在班级生活场域中培育核心素养。我们将"学生核心素养落位班级文化建设"作为班主任工作室的研究课题，做实六个体验场，开展研究实践系列活动。

一是班级文化设计场：老师、学生、家长齐参与，从起班名、绘班徽、唱班歌、定公约开始。设计的过程，也是班级人心凝聚、明确目标、文化认同的过程，更是审美情趣、人文情怀、合作与创新能力形成的过程。

二是班级管理体验场：多媒体播放员、眼操检查员、卫生保洁员、小胖墩监督员、作业收发员，每个孩子都参与到班级管理中，孩子们体会到在集体中我很重要，学生在服务他人、岗位历练、活动组织、才能展示中不断成长。孩子在自我教育、自我管理中不断成熟，增强集体责任感、归属感和荣誉感。

三是班级社团活动场：每个班级都活跃着各种各样的社团组织，如诗社、爱心社、摄影社、视频编辑社、主持社、读书社、书法社、班级文化讲解社等，它们无时无刻不在丰富着班级生活，每个同学在参与班级"微型组织生活"时个性得以绽放，每个人都成为更好的自己，促进社会参与、社会学习素养的提升。

四是班级爱心体验场：集体中有同学过生日，老师和同学都要唱生日歌，送祝福。为生病同学捐款，高年级和低年级结成手拉手班级，从新生入学第一天起，就成为姊妹班。哥哥姐姐帮助弟弟妹妹做值日、做队前教育、布置班级环境等，爱心在传递中更显温暖。

五是自主成长体验场：教室里、走廊里都是孩子们的身影：原创儿童诗、小课题研究报告、绘画书法作品、写着名字的花花草草，以及小组和个人评价。没有好与不好的等级评判，我们要做的是让每一颗种子都能有自信，在经历中不断体验、收获、成长。

六是学习分享体验场：学生是课堂上学习的主人，在自主探究、小组合作、分享交流的课堂上，孩子们慢慢地会倾听、会思考、会表达、会交流、会分享。

面对立德树人、深综改、中高考改革的教育大背景，落实房山区"用心做教育，做心中有人的教育"理念，在以核心素养为目标的教育改革实践中，我们将持续地思考、实践、完善，坚信"行于实，方乃成"，让研究成为工作常态，不断实践探索，努力让核心素养落地，期待每一颗种子朝气蓬勃地生长！

四、劳动教育，生长赋能

著名教育家夸美纽斯提出："学生是种子，天生具有生长的活力，具有无限发展的可能。"在长期的办学实践中，这一观点得到了学校全体干部、教师的高度认同。在学校"行于实，方乃成"办学理念的引领下，我们落实党的教育方针，落实立德树人的根本任务，在校内全面实施素质教育，以"种子"为核心，形成办学理念体系、框架。我们把每一个学生都视作正在成长中的小种子，在日常教育教学中，努力探索为每一颗种子创造无限生长、充分体验的可能。以"为每一颗种子创造生命成长的体验场"为办学目标；以"让每一颗种子朝气蓬勃地生长"为育人目标。从管理文化、教师文化、党员文化、学生文化、课程文化、课堂文化、环境文化七个方面构成行实文化构建的实践路径，尊重学生发展认知规律，结合校情，将想法、说法、做法落实于学校的各项工作中。其中，多元丰实、动静相宜的课程文化更是凝聚了全校干部教师、家长、学生的智慧。以此为基石，将劳动融入课程文化，整体构建了劳动教育课程体系。

从国家层面看：劳动教育是新时代党对教育的新要求，是中国特色社会主义教育制度的重要内容，是全面发展教育体系的重要组成部分，是大中小学必须开展的教育活动。早在 2013 年的"六一"国际儿童节，习近平总书记就向全国少年儿童发出号召：你们从小就要树立劳动光荣的观念，自己的事自己做，他人的事帮着做，公益的事争着做。教育部陈宝生部长在 2020 年全国教育工作会议的讲话强调："劳动教育不能泛化，不能简单认为动手动脑都是劳动，不能简单用学习、体育等替代劳动。劳动教育要培养劳动情感、劳动技能，培养吃苦精神、奋斗精神，要以体力劳动为主、手脑并用，实实在在地干活，实实在在地出力流汗。"2020 年 7 月 9 号教育部印发《大中小学劳动教育指导纲要（试行）》的通知，让我们深刻感受到抓好新时代劳动教育的紧迫感和责任感。

从学生成长需求看：除了国家层面的要求与期待，在学生成长的实际需求中，劳动教育必不可少。我们要为祖国培养合格的建设者和可靠的接班人，劳动教育必不可少。在如今的社会价值观念中，有一部分人缺乏对劳动和劳动者必要的尊重，影响到孩子们对劳动的认识；独生子女时代，家长包办代替，家庭劳动教育严重缺失的现象常见……

基于以上认识，引发我们深入思考：如何深刻理解国家对劳动教育的要求？如何培养孩子们的劳动素养？如何在劳动态度、劳动能力、劳动习惯、劳动精神四个方面培养孩子的劳动意识、锻炼孩子的劳动技能、养成自觉、安全、诚实劳动的好习惯，进而具备劳动奉献的精神，感受劳动的美好，将来因劳动收获幸福，最终实现德智体美劳全面发展？作为一名当代教育人，如何用教育实践更好地诠释教育人应有的时代担当？在不断的思考中，我们在教育教学中探索出三个实践路径：整体构建劳动教育课程体系，建设家校社协同劳动教育网络；体验岗联动，搭建学生实践平台；项目式学习带动，建构五育相融促生长的样态。三个方面全面深化劳动教育，为孩子成长赋能。

（一）整体构建劳动课程体系，建设家校社协同劳动教育网络

依托学校种子成长课程中的 3 类课程实施。根基课程（国家课程）、磨砺课程（突出对孩子德与能的培养）、适性课程（适合学生的个性发展）。在根基课程中，重点在劳动技术学科实施开展；引导学生树立正确的劳动观念，具备必备的劳动技能，掌握基本的劳动知识和技能，增强体力、智力和创造力。在磨砺课程中，借助学科综合实践活动课程、德育课程开展，围绕劳动精神、劳模精神、工匠精神，促进劳动品德涵养，弘扬勤劳、节俭、艰苦奋斗等优良传统文化。在适性课程中，借助社团课程推进劳动教育。借助丰富多彩的活动设计，培育积极的劳动精神，注重培养学生劳动的科学态度、规范意识、效率观念和创新精神。

在学科课程中，有机渗透劳动教育，构建家庭、学校、社会三结合劳动实践的内容。针对小学生的特点，从 4 个维度，分低中高 3 个年级阶段，具体实施开展劳动教育。个人层面，自己的事情自己做；家庭层面，家里的事情帮着做；集体层面，集体的事情主动做；社会层面，社会的事情参与做。将劳动教育与学生的个人生活、校园生活和社会生活有机结合起来，覆盖学生的学习生活空间。丰富学生的劳动体验，提高学生的劳动能力，深化学生对劳动价值的理解。

（二）体验岗联动，搭建学生实践平台

依据小学生不同年龄段的特点，分别开设校级劳动体验岗、班级劳动体验岗，向全校学生招募，学生可通过自愿申报、班级推荐参与，少先大队自主管理委员会参评，激励学生们在自主体验岗位上充分实践，先锋岗、劳动体验岗、午餐服务岗、锻炼管理岗、讲解体验岗、纪律监督岗、小种植管理岗、书法作品布置岗……人人有岗位，参与锻炼体验。每个人在不同时段、不同岗位履行自己的职责。在此过程中，培养了学生的责任感、集体荣誉感，同时也感受到团队合作的重要性。此外，在劳动过程中，我们还注重激发榜样的激励作用，开展大手拉小手劳动体验活动，中高年级孩子和低年级弟弟妹妹共同开展劳动，利用午休时间一起打扫卫生、协助管理跑操秩序，确保安全。在此过程中，让学生体验劳动带给自身的价值与美好，与校级劳动体验岗评价相结合，颁发劳动勋章。此外，学期末，组织学生交流分享劳动的体验与收获，肯定具有积极意义的认识，每一个岗位负责人述职，将反思交流与改进结合起来，在同伴、教师的评价中，激发学生的劳动兴趣，使学生在劳动中获得成长。

（三）项目式学习带动，建构五育相融促生长的样态

依据我校完小东沿村校区的地势环境特点，建设劳动基地，围绕劳动能力的培养，以项目式学习为抓手，让学生完成真实、综合任务，经历完整的劳动过程，注重劳动价值认识、问题解决、责任担当、创意物化四个维度实施和深化跨学科劳动课程内容。

1. 班级种植基地我策划项目

东沿村校区 700 平方米的劳动体验基地建成了，班班有体验区。孩子们自主设计种植园的名称、种植什么植物，思考如何规划、为什么这么规划，引导学生从现实生活中发现需求，选择和确定劳动体验项目。强化规则设计意识，充分发挥学生的主动性、积极性、创造性，引导学生对项目实践进行整体构思，综合运用所学知识、技能，不断优化方案，孩子们通过项目式学习的方式进行如火如荼的研究活动，做到了我的地块我做主，

各班的种植各具特色。

活动伊始，从学校角度发起倡议书，并设计驱动问题：如何规划本班种植基地？一纸倡议书唤起了孩子们建设校园的热情。一个驱动问题激发了校园小主人的责任心。随后，孩子们在本班进行劳动实践前期调研，调研同学喜欢种植的植物，分小组对本班的劳动基地进行特色设计，并绘制平面设计图，在班级进行交流。设计种植标志牌，班班有特色，在这个过程中，孩子也进行了不同形式的劳动体验。在新学期，孩子们亲历种植、管理、观察等劳动过程，孩子们在今年迎来了丰收，全校师生参与分享收获的喜悦。

2. 家庭小种植项目

与校园、班级文化相结合，制定班级特色种植体验系列活动，由学校带动家庭，开展家庭小种植项目，孩子们亲手种下一棵植物，观察植物的生长过程，记录下生长的样子，了解植物的特点，写下自己的感受，和小植物一起成长。在此过程中，家校联动，共同体验劳动的快乐。

项目式学习活动以劳动基地建设为内容，从一开始就让孩子们自主参与、自主设计，有整体规划的体验。培养孩子对于一件事情整体构思的思维方法和模式，在体验的过程中自我成长、自我进步，体验合作沟通，感受团队的力量，体会劳动的快乐。在完成策划的基础上亲历种植的过程，从而培养学生劳动观念，激发学生劳动热情，懂得分享劳动成果，进而感悟生命的意义。同时，也培养了孩子们的责任感、坚持不懈的意志力……

3. 跨学科劳动教育实践项目研究

语文、数学、科学等多学科梳理出学科中相关实践点，融合到劳动教育课程中，开展学科实践活动和多学科主题综合实践活动。东沿村校区"植物种植体验园"分为：石榴体验园、山楂体验园、向日葵体验园。在石榴成熟时，我们以"石榴笑了"为主题开展劳动主题实践活动。在山楂挂满枝头时，我们开展"山楂红了"主题综合实践活动，通过说山楂、画山楂、摘山楂、做山楂这4个维度，进行跨学科的劳动主题活动。科学学科从山楂的植株、叶、花、果实、土壤等方面引导学生进行细致地观察与研究；道德与法治学科挖掘山楂的寓意、药效、传说；艺术衍纸社团、彩铅社团在细致观察的基础上，进行创意绘画；劳技老师和家长志愿者进行指导，孩子们从洗山楂、串山楂、熬制糖浆、沾糖浆到摔打定型，亲历做糖葫芦的每个过程；英语老师带着孩子们用英语介绍山楂树的成熟过程。在跨学科劳动教育实践研究体验中，孩子们掌握了劳动的技能，感受到劳动创造的价值，体验到作为一名劳动者的自豪感。

此外，衍纸社团结合劳动教育课程内容进行自主开发，形成了以农耕为特色的课程讲义，进行特色项目研究。把校园当中的植物、景色作为衍纸社团创作的源泉，实施多元评价，增强学生的成就感。利用种子印对学生各个学科、各个方面、各种体验实践活动进行全面而具体的评价。设立"小种子"超市，利用劳动基地收获的果实，如山楂、石榴、花生等作为超市奖品，孩子们通过自己的努力，每集齐 10 颗种子印就可以到每月一开放的"小种子"超市兑换自己喜欢的果实。使社团活动系统性、指导性、可操作性更强，凸显了学校"耕读"特色。

在一系列的劳动教育课程实施体系中，学校将劳动教育纳入人才培养全过程，准确把握社会主义建设者和接班人的劳动精神面貌、价值劳动取向和劳动技能水平的培养要求，全面提高学生的劳动素养，进而促进学生综合素养的不断提升，朝着德智体美劳全面发展的方向努力！以劳动教育为点，实现你中有我，我中有你的五育相融相生，为每一颗小种子的成长赋能！

在我眼里，写书一直是可望而不可即的事，写书是一件非常复杂的事，很"神圣"。我是一个再普通不过的人，每天做着普通的事。之前没想过写书。

2020 年的春天，突如其来的疫情，打乱了我们正常的生活工作节奏，为了师生的生命健康，孩子们居家学习，老师们居家办公。作为校长，我每天都在学校坚守岗位，在云端和伙伴们完成各项延期开学、线上教学的工作。工作之余，当我漫步在宁静的校园时，感受到校园里虽少了往日的喧闹，却给了我静心思考的空间。1990 年参加工作的我，今年正好从教 30 年了，这是个值得纪念的年份，随着岁月的更迭，年复一年，沉淀了许多挥之不去的温暖记忆，我便有了想记录下来的冲动。

为了实现父母的理想当了老师

1987 年，初中毕业那年，班主任老师建议父母给我报考房山师范学校，能够转户口，吃商品粮，当老师也适合女孩子。这也正是父母的理想，跳出农门，领粮票是他们梦寐以求的事。三年的师范生活一晃而过，1990 年 7 月，19 岁的我走出校门，站上了讲台，成了一名农村小学班主任老师。最难忘的是全校十几个老师在一间大教室里办公，一到冬天，每到下课，课间休息的同事们就会围在屋子中间的土炉子旁，一边烤火一边聊着刚刚发生的孩子们的故事。我们班主任每到 10 月中旬，就要组织孩子们一起搭煤结，收拾教室里的土炉子，准备玉米芯、小木棍，为冬天取暖做准备。因为我不是很会生火、管火，所以班里的火总是不够旺，害得孩子们没少跟我受苦。当时的条件很艰苦，记得我的那间教室中间还是用柱子支着上面的柁。上级的领导好几次来学校查看情况，后来又在村边选址盖了新学校。

虽然当时办学条件不好，但是领导和老师们都很敬业，对学生非常的认真负责。我很庆幸，第一个工作的单位有这样踏实淳朴的校风和学风，每个人都很努力。1991年春天，五音不全的我，凭借年轻的优势，在音乐老师的指导下，给合唱队的孩子当了一次指挥，参加区里合唱节。比赛的那天，孩子和老师们都骑着自行车，用了半个小时的时间到了比赛地点，我们获得了一等奖，成为我这几十年的一次唯一，记忆犹新。但是当时四、五年级的几十个孩子都骑着自行车去参赛的场面，如今再也不会发生了。

1993年暑假，我调回到离家比较近的城镇直属小学。作为年轻教师，不断学习是我的日常，努力做一个好老师，让家长和孩子们都满意，就是我的工作目标。

难忘的九年青春时光

1995年8月，良乡三小建校，我成了第一批到岗的19名教职工之一，那年我24岁。在良乡三小度过了难忘的九年青春时光，这也是我学习实践成长最快的九年。史守礼校长的办学思路清晰、实干、注重细节、工作标准高。同事们全都是正值花样年华，有用不完的劲儿。在良乡三小工作的九年，我从一名班主任，到德育干事、教导处主任。忘我地工作，努力地学习，是我锻炼成长收获最大的九年。

自建校之日起，三小每年六一之前都有学生的展示活动，向社会各界和家长们汇报素质教育成果。我们俗称"5.28"，引申为"我们的儿童在发展"。这是全校师生的一次盛会。作为活动的核心组织者之一，我最受益。从方案设计、组织筹备，到现场演练、大会召开，我都参与其中。学会了从学校全局考虑问题，统筹规划，科学合理安排每一位教职工的工作，提升了与领导、同事沟通协商的能力，我和三小一起成长。

当老师、当干部都应该具备一定的科研能力。在专家的指导下，我带领老师们进行教育科研。得到了北京教科院史根东博士、李铁铮老师、王英老师、房山进校陈瑞颖副校长、蔡永志主任的悉心指导。承担了"联合国教科文组织环境、人口与可持续发展课题（EPD）"，2001年承担了全国研讨会。北京市德育实效性研究子课题"在主题班会运作过程中培养学生良好思想品德"，多次在三小召开市区级现场会。研究的过程，让我们学会了理性的思考，无论是做什么，结构化的思维都非常重要，为什么？是什么？怎么做？做到怎样？一连串的追问都让我们在做事时不慌乱，少走弯路。我想，这是做课题研究最大的收获，每每想起这些专家，内心充满了敬佩与感激。

无论在什么管理岗位上，我都认为做一个好老师是最应该的，课堂不能丢。1998年开始，我教授一门科任学科《社会》。后来换了名字叫《品德与生活》《品德与社会》，现在是《道德与法治》学科。在学科教学中，在市区教研员老师耐心的指导下，我多次承担市区级的研究课、评优课，并且连续两届评为北京市社会学科骨干教师。2001年，我的第一篇教学案例发表，贾美华老师给我写了评析。在学科教学中贾美华老师也给予我许多指导和帮助。贾美华老师是我名副其实的师傅！

在三小的九年，是我和三小这个新建校一起成长的九年，在史校长和伙伴们的帮助下，我从一名普通老师，到一名管理人员，今天回首望去，仿佛青春的印记依然在，奋斗的日夜依然在，一个个肝胆相照的伙伴依然在……

第一次做校长

2009 年 8 月 17 日，我走进了琉璃河中心校的大门，带着初当校长的茫然无措和无知者无畏的心态，开始了新岗位的履职。第一次和干部们见面，我让每一名干部都给我写了一张小纸条：我希望校长是什么样？"知人善用、关心老师、经常和老师沟通……"这就是我的工作目标！至今，还记得，时任房山区教委主任的郭志族主任对我说：刚走上这个岗位，就像刚学会开车，开始必须要慢一点儿，不能着急。慢慢熟练了就成了。还记得，现在的房山区教委顾成强主任对我说："当校长有三个层次，第一是用力干，第二是用心干，第三是用命干。"带着组织的信任和领导的鼓励，我在实践中学习如何当校长，如何当一个称职的校长。

琉璃河中心校地处首都南大门，再过 500 米就是河北省。中心小学下辖四所完小。工作期间恰逢抗震加固工程和完小规范化验收工作，中心和完小经过抗震加固工程后，需要进行环境布置。以此为契机，我和干部们一起思考学校的文化建设。经过两年的反复琢磨修改，在学校均衡发展的特色基础上，我提出了"让师生享受阳光一样灿烂的教育"的办学理念，以"四个面向"为办学目标，总结提炼出以"三 yue"文化为核心的学校文化内涵，核心价值观是：yue 人 yue 己。悦即悦人（欣赏别人），进而悦己（悦纳自己）；阅即阅人（学习他人），进而阅己（完善自己）；越即越人（树立目标），进而越己（超越自己）。三者是相辅相成互相支撑的关系。"悦"是基础和内在驱动力，是贯彻始终的基本线；"阅"是方法和途径，是教师和学生提升的方法和抓手，它不仅仅指阅读，还是以阅读为代表的解决问题的方式方法；"越"是目标和最终诉求，关注教师和学生的终身发展，在"越"中得到成功的体验，为学生的幸福人生奠基。将"三 yue"文化作为一个实施载体，一个抓手，融入五所学校的各项工作中，树立共同的价值追求和愿景，营造琉小积极向上、合作交流、锐意进取、不断超越的良好氛围，努力向着文化管理的高层次目标迈进，向着实现五所学校高层次均衡发展的目标迈进。后面的三年时间，在"三 yue"文化的引领下，全体干部教师团结进取、不断创新，各项工作得到认可。

在新挑战中锻炼自己

2014 年 8 月，服从组织的安排，我接受工作调动，来到了良乡中心校。2015 年 12 月，学校在房山区政府和区教委的关心下，与北京工商大学合作办学，遂更名为"北京工商大学附属小学"。听说更名的第二天，周边房价就涨了 1 000 元。百姓和社会的期待可想而知。我抓住更名的契机，组织干部教师一起研讨：学校更名，我该怎么办？提升大家的思想认识、专业水平迫在眉睫，学校也应该进入换挡提速的新阶段。在北京市教育学院张祥兰博士专家团队的帮助下，我们重新梳理学校的文化体系，在体验教育的基础上，凝练"行于实，方乃成"的办学理念，形成了行实文化框架体系。用文化引领北工商附小走上新的发展阶段。

回看过去的六年，留给我和伙伴们许多难忘的记忆。2016 年 4 月 28日，体育节上，百人中国鼓震撼亮相，打出了气势，打出了附小全体师生的精气神！也成就了在同年 9 月区运会上再次惊艳登场！2017 年，固村拆迁，东沿村校区建成投入使用。在两个月的时间里，在上级领导的关心下，我带领干部教师们完成了固村小学搬家，与家长沟通，做好新学校环境、人员的一切准备！这当中的工作量和克服的困难，不是能够用语言轻松表达的！2018 年 9 月 14 日，全国乡村班主任第二届研究论坛在我校召开，来自全国各地的专家、校长、老师 200 多人云集我校。三个校区的展示、汇报得到与会人员的高度评价。这次会议，全面汇报了我校的教育教学工作。干部老师们敬业负责的态度、扎实朴实的作风，为我校教学质量提供了保证。每年 9 月升入初中的孩子们，都要进行增值性评价，这是对小学教育质量的一次考量。连续三年的考核指标，我校都名列前茅。种子成长课程不断丰富完善，课程建设成果获得了北京市一等奖。

而今，面对疫情，干部教师们勇敢担当，迎难而上，克服了许多困难，完成延期开学、线上教学的各项任务。

30 年来时路，7 年的班主任工作经历，让我从新任教师成长为比较成熟的教师。1997 年，走上管理岗位，23 年来，从德育干事、教导处主任、教学副校长、校长，一路走过来，有过面对困难时的焦虑和犹豫，有过获得他人认可时的欣喜与感动，有过与伙伴们共同付出后的喜悦和欢笑……所有的岁月，成就了现在的我！